Mit BUDDHA *zu innerer Balance*

DIE GU-QUALITÄTSGARANTIE

Wir möchten Ihnen mit den Informationen und Anregungen in diesem Buch das Leben erleichtern und Sie inspirieren, Neues auszuprobieren. Bei jedem unserer Produkte achten wir auf Aktualität und stellen höchste Ansprüche an Inhalt, Optik und Ausstattung.
Alle Informationen werden von unseren Autoren und unserer Fachredaktion sorgfältig ausgewählt und mehrfach geprüft. Deshalb bieten wir Ihnen eine 100 %ige Qualitätsgarantie.

Darauf können Sie sich verlassen:
Wir legen Wert darauf, dass unsere Gesundheits- und Lebenshilfebücher ganzheitlichen Rat geben. Wir garantieren, dass:

- alle Übungen und Anleitungen in der Praxis geprüft und
- unsere Autoren echte Experten mit langjähriger Erfahrung sind.

Wir möchten für Sie immer besser werden:
Sollten wir mit diesem Buch Ihre Erwartungen nicht erfüllen, lassen Sie es uns bitte wissen! Nehmen Sie einfach Kontakt zu unserem Leserservice auf. Sie erhalten von uns kostenlos einen Ratgeber zum gleichen oder ähnlichen Thema. Die Kontaktdaten unseres Leserservice finden Sie am Ende dieses Buches.

GRÄFE UND UNZER VERLAG. *Der erste Ratgeberverlag – seit 1722.*

INHALT

INHALT

»Meditiere. Führe ein einfaches Leben.
Sei gelassen. Verrichte gekonnt deine Arbei
Tritt wie der Mond hinter den Wolken hervor
und leuchte.« Buddha

VORWORT

Gefühle sind eigenartige Phänomene. Wir sehnen sie herbei und wünschen sie zum Mond. Gefühle haben uns im Griff und können uns überrollen. Sie reißen uns den Boden unter den Füßen weg und katapultieren uns in den siebten Himmel. Gefühle sind der Zauberstoff, der Lebewesen über alle Zeit hinweg miteinander verbindet. Und Gefühle sind auch der Abgrund, der uns voneinander trennt. Kurz gesagt: Gefühle schenken uns Paradies und Hölle auf Erden.

Im Laufe unseres Lebens müssen wir unsere Gefühle ständig neu meistern. Manchmal fühlen wir uns überwältigt, dann wieder zu distanziert. Einige Gefühle scheinen wir gar nicht zu spüren, wir sehnen uns, sie endlich zu empfinden. Andere Gefühle fordern uns heraus und wecken schon im Aufkeimen unseren Widerstand.

In den Jahrzehnten, die ich als Körpertherapeutin tätig war und Schweigemeditation praktiziert habe, konnte ich Gefühle von allen Seiten erproben. Mit diesem Buch möchte ich Sie dabei unterstützen, Ihre Gefühle zu erforschen und zu verstehen. Ich möchte Ihnen zeigen, wie Sie auch in schwierigen Lebenssituationen, unter Einfluss von Reizbarkeit und Ängsten, bewusst das Gleichgewicht wahren können. Lassen Sie sich anregen, ganz wach mit Ihren Gefühlen umzugehen und im Einklang mit ihnen zu leben!

Marie Mannschatz

Die Welt der Gefühle

Gefühle neu entdecken

Gefühle haben einen überragenden Einfluss auf unser Lebensglück. In allen Lebensphasen erleben wir emotionale Herausforderungen. Durch achtsames Wahrnehmen unserer Körperempfindungen und Gedanken lernen wir, unsere Gefühlsgewohnheiten zu erforschen. So erkennen wir, ob wir dazu neigen, Gefühle kaum wahrzunehmen oder von ihnen überwältigt zu werden. Buddha gibt uns Methoden an die Hand, mit denen wir destruktive Muster erkennen und verändern können. Ganz ohne regelmäßiges Bemühen geht es allerdings nicht.

Gefühle wahrnehmen und verstehen lernen

So einzigartig wie unser Fingerabdruck ist auch unser Lebenslauf. Obwohl wir mit Milliarden von Menschen unsere Daseinsspanne auf dieser Erde teilen, führt niemand das gleiche Leben wie wir. Wir können die Kostbarkeit unseres Daseins, die unendliche Vielfalt unserer menschlichen Natur gar nicht hoch genug schätzen! Doch statt diese flüchtige, leicht verletzbare Existenz zu feiern und einander nach besten Kräften zu schützen und zu unterstützen, erleben wir im alltäglichen Miteinander oft das genaue Gegenteil, und das hat sehr viel mit unseren Gefühlen oder Emotionen zu tun. Gefühle gehören zum Leben wie der Sauerstoff, den wir zum Atmen brauchen. Aber es ist nicht einfach, die Gefühle zu verstehen und zu meistern. Geprägt von frühen kindlichen Erfahrungen, deren Auswirkungen sich meist unbewusst durch unser ganzes weiteres Leben ziehen, belastet durch erlebtes Leid, aber auch berührt vom Schicksal unserer Nächsten, kämpfen wir ständig mit emotionalen Herausforderungen. Wir setzen uns selbst und unsere Umgebung unter Druck mit Erwartungen und Ansprüchen. Zufriedenheit stellt sich nur selten ein. Getrieben von Pflichten und Gefühlen sehnen wir uns nach mehr Ruhe und Gelassenheit und finden doch keinen Ausweg aus unseren Belastungen. So einmalig und unverwechselbar wir auch sein mögen – im Leiden an der Unberechenbarkeit und den Verstrickungen des Lebens sind wir uns alle wieder gleich.

Warum leiden wir?

Buddha sieht den Grund für unser Leiden darin, dass wir ständig auf der Suche nach dem Angenehmen im Leben sind und das Unangenehme nicht wahrhaben oder es vermeiden wollen. Dabei glauben wir, unser Glück sei in äußeren Umständen zu finden: Wir suchen Menschen, Dinge, Erfahrungen, die uns angenehm sind. Alle unsere

Sinne sind nach außen gerichtet. Wir sind überzeugt, irgendwo da draußen das finden zu können, was uns Erfüllung gibt. Ganze Lebensphasen erscheinen uns zuweilen wie eine beschwerliche Wüstenwanderung. Innerlich flehen wir, dass sich endlich etwas ändert und wir eine Oase erreichen. »Wenn nur bald eine neue Kollegin eingestellt wird, die mir Arbeit und Verantwortung abnimmt …, wenn nur die Jüngste erst aus dem Windelalter heraus und im Kindergarten ist …, wenn ich endlich die fünf Kilo Übergewicht los bin – dann wird alles gut!«

Schon vor zweitausend Jahren hat Buddha festgestellt, dass wir umso mehr leiden, je höher unsere Erwartungen an das Leben, an uns selbst, an unser Umfeld sind und je starrer wir an Vorstellungen haften, wie alles sein sollte. Anstatt das Beste aus dem Hier und Jetzt zu machen, träumen wir uns in eine angenehmere Zukunft und werden nur unglücklich dabei. Denn die Vorstellung ist meist schöner als die Wirklichkeit. Die Hindernisse, die der Alltag für uns bereithält, wählen wir nicht freiwillig. Wir haben keine Kontrolle über das Terrain, durch das unser Lebensweg führt. Wir können nicht vorhersagen, was uns hinter der nächsten Biegung erwartet. Mit jedem Schritt, den wir vorangehen, gewinnen wir zwar ein wenig mehr Überblick und werden geschickter im Umgang mit Widerständen und Herausforderungen. Dennoch: In der Auflehnung gegen das Unangenehme, das sich in unserem Leben zeigt, begehen wir immer wieder dieselben Fehler und leiden darunter, keinen Ausweg aus unheilvollen Verhaltensmustern zu finden.

Erkennen, dass wir leiden

Wir suchen nach Vorbildern, wir brauchen Hilfe – aber wer erreicht uns wirklich im Innersten, wem gelingt es, unser Herz zu berühren und uns innere aufbauende Nahrung zu schenken? Wenn wir persönlich stärker werden möchten, wenn wir daran glauben, dass wir nicht festgelegt sind auf das, was wir im Laufe unseres Lebens gelernt haben, dass wir uns ändern können und nicht wieder und wieder dieselben Leidensmuster durchlaufen müssen, dann suchen wir nach therapeutischer Begleitung oder einem spirituellen Weg, einer geistigen Praxis, die uns zu neuer Einsicht verhilft. Vielleicht haben Sie auch schon einmal gedacht: ›Hätte ich mich nur anders verhalten können! Hätte ich bloß nicht so aufgebracht reagiert, dann wäre die Situation nicht dermaßen eskaliert, und ich hätte jetzt nicht solchen Ärger am Hals.‹ Wenn wir mitten im Strudel der Gefühle schwimmen, verlieren wir leicht die Übersicht, geraten außer Atem und handeln impulsiv, ohne an die Konsequenzen unserer Handlungen zu denken. Das Gefühl hat uns dann voll im Griff.

Zu viel Gefühl erfahren

In jungen Jahren ging es mir oft so. Wie sehr habe ich mich mit meinem ersten Freund gestritten! Ich war oft tagelang beleidigt, habe ihm alles angekreidet! In endlosen Gesprächen haben wir miteinander gerungen, bis es irgendwann eine Lösung gab, die uns wieder gut miteinander sein ließ. Doch dem angenehmen Gefühl nach der Versöhnung folgte schon bald der nächste Streit – zu unruhig waren die emotionalen Gewässer in mir in dieser Zeit. Ich konnte mit meinen sich ständig verändernden Gefühlen nicht wirklich umgehen und erlebte sie deshalb als eine Bedrohung. Die Trennung nach fünf Jahren rieb mich so auf, dass ich mir meine erste Psychotherapeutin suchte. Heute bin ich froh über diesen frühzeitigen Entschluss, meinen Emotionen innere Aufmerksamkeit zu schenken, denn ich war mir damals der Ursachen meines Leidens überhaupt nicht bewusst.
Wie oft habe ich andere für meine Traurigkeit und meinen Schmerz verantwortlich gemacht, meinen Ärger an ihnen ausgelassen und versucht, sie mit meiner Liebe zu fesseln. Meine Gefühle haben mich geritten, und ich bemerkte es nicht einmal oder fand es toll – ich fühlte mich richtig lebendig, wenn ich dieses aufregende Auf und Ab erlebte. Ich wollte leidenschaftlich leben, große Gefühle erfahren, rasend lieben, vor Schmerz zergehen und dann wieder großzügig vergeben. In meinem Inneren rauchte ständig ein zum Ausbruch bereiter Vulkan. Es war unglaublich anstrengend! Mir kam gar nicht der Gedanke, dass es Besseres geben könnte als diese aufreibenden Gefühle, die einen großen Teil meiner Lebenskraft verzehrten.

Zu wenig Gefühl empfinden

Nicht weniger problematisch als das impulsive Ausleben von Gefühlen ist das Verdrängen und Abspalten von Emotionen. Wenn bestimmte Gefühle zurückgehalten werden, verarmt das gesamte emotionale Leben, weil sich Gefühle nicht einfach aufteilen lassen. Irgendwann machen sich die unterdrückten, abgespaltenen Gefühle durch Krankheit bemerkbar – weil uns etwas an die Nieren geht, im Magen oder auf dem Herzen liegt. Manche Menschen haben sich so daran gewöhnt, ihre Gefühle zu verdrängen, dass es ziemlich lange dauert, bis sie eine innere Empfindung registrieren. Eigentlich reagieren sie nur auf wirklich intensive Erfahrungen, und es muss schon etwas Herausragendes geschehen, damit sie spüren, dass es sie betrifft. Entsprechend unterkühlt werden sie von ihrer Umgebung wahrgenommen. Dabei wünschen sie sich vielleicht sehnlichst mehr Lebendigkeit und innere Freiheit und träumen davon, auch einmal so ergriffen sein zu können, wie sie es bei anderen Personen immer wieder erleben.

Gefühle besser durchschauen

In den buddhistischen Lehren geht es darum, Verhaltensmuster, die Leiden hervorrufen und vermehren, zu verändern und loszulassen. Sie möchten einen Prozess anregen, schwierige und Leiden verursachende Gefühle in solche zu verwandeln, die heilsam wirken. Das setzt voraus, dass wir unsere Gefühle wahrnehmen und uns ihnen stellen. Manchmal hören wir jemanden sagen: »Erst habe ich mich total dagegen gewehrt, später konnte ich erkennen, welchen inneren Wachstumsschub mir die schwierige Erfahrung gegeben hat.« Genau das ist Transformation. Das Bewusstsein hat einen anderen Zugang gefunden. Wir haben einen Aussichtsturm entdeckt, der uns einen neuen Überblick über die Landschaft der Gefühle erlaubt.
Eine Bekannte von mir musste aus beruflichen Gründen in eine andere Stadt ziehen. Getrennt von ihrem vertrauten Umfeld war sie in der ersten Zeit ausgesprochen unglücklich. Aber nach wenigen Monaten gelang es ihr, Ja zu dieser Herausforderung

zu sagen. Das ermöglichte ihr, neue Freundschaften zu schließen und in der fremden Stadt Fuß zu fassen, was wiederum ihr Selbstbewusstsein und ihr Vertrauen, sich auf Veränderungen einlassen zu können, stärkte. Aus den schwierigsten Gefühlen kann Kraft erwachsen, und wir erleben von dem veränderten Standpunkt aus eine Krise nicht nur als bedrohlich, sondern auch als Chance zur Veränderung.

Kraft in unseren Gefühlen entdecken

In diesem Buch geht es um die Verwandlung und die Freisetzung jener Kräfte, die in unseren Emotionen verborgen sind. Ich bin überzeugt, dass unser Gefühlsleben in direktem Zusammenhang mit unseren ursprünglichsten Lebenskräften steht. Gefühle können uns ebenso stärken wie schwächen, sie können Bärenkräfte in uns wecken und uns krank machen. *Gefühle sind das Flussbett für unseren Lebenssaft.* Je freier unsere Gefühle fließen können, umso dynamischer und wohler werden wir uns fühlen. Alles, was wir erleben, ist durchwoben von einem Netzwerk an Gefühlen. Teils bewusst, teils unbewusst steuern sie uns durch das Leben. Wie das geschieht, welchen Einfluss sie haben und wie wir diesen gestalten können, das möchte ich gemeinsam mit Ihnen in den nächsten Kapiteln erforschen.

Gefühle wertschätzen

Jedes Gefühl hat sein ureigenes Ausdrucksmuster und enthält im Kern eine heilsame Wahrheit. Durch Angst können wir erkennen, dass wir uns überfordern; hinter unserer Wut finden wir vielleicht einen Hinweis, dass wir unsere Grenzen nicht beachtet haben, und Neid kann uns in Verbindung mit unerfüllter Sehnsucht bringen. Alle Gefühle, auch die schwierigsten, stellen eine Verbindung zu dem her, was uns am Herzen liegt. Wenn wir mit unserem Hass und unserer Boshaftigkeit konfrontiert werden, ist das nicht ganz so einfach zu erkennen. Auch wenn Trauer uns gefangen hält und Zorn in uns brodelt, möchten wir lieber nicht genauer hinschauen, sondern diese Gefühle so schnell wie möglich loswerden. Dennoch: Wenn wir lernen, alle unsere Emotionen zu akzeptieren und achtsam mit ihnen umzugehen, verstärken sich langfristig Selbstbewusstsein und seelische Gesundheit. So reift in uns die Kraft, ebenso klare Grenzen zu setzen wie verschmelzende Nähe zu genießen oder auch dem Alltag mit Dankbarkeit zu begegnen.

Häufig stecken wir Gefühle in simpelste Kategorien wie richtig – falsch, positiv – negativ und werden ihrer Komplexität und Vielfalt damit gar nicht gerecht. Trotz ihrer umfassenden Bedeutung für das menschliche Dasein, ist unser Verständnis von Gefühlen unterentwickelt. Wenn wir uns umschauen, erkennen wir, dass in unserer Gesellschaft der Intellekt überbewertet und Gefühle unterschätzt werden, dass oft der Mut fehlt, zu ihnen zu stehen. Gefühle werden belächelt, kritisiert, unterdrückt, ignoriert, ja als Gegner betrachtet (siehe auch »Innere Haltungen« ab Seite 77). Sie erhalten nur äußerst selten den Respekt, den sie verdienen.

Buddhismus und Gefühle

Im Umgang mit Gefühlen begegnen wir ausgeprägten Vorstellungen darüber, was als angemessen empfunden wird und was nicht. In der einen Familie ist Zorn nicht gern gesehen, in der nächsten werden Trauer oder Freude unterdrückt oder man reagiert verständnislos bis ungehalten auf Ängste. Auf die eine oder andere Weise lernen alle Heranwachsenden, bestimmte unerwünschte Gefühle zu blockieren. Wie aber erfahren wir, welche stärkenden und heilenden Kräfte in den Gefühlen wohnen? Wer lehrt uns, dem Fluss der Emotionen zu vertrauen und daraus Vitalität und Lebensmut zu schöpfen? Um Antworten auf diese Fragen zu finden, werde ich buddhistisches Wissen zurate ziehen, denn Buddha hat seine Lehre entwickelt, um einen Ausweg aus Gefühlsverwirrungen und Leidensdruck zu finden.
Auch wenn wir es uns noch so sehr wünschen, können wir nicht immer freudestrahlend durchs Leben gehen. Vielmehr geht es darum, unsere Empfindungen im jeweils gegenwärtigen Moment wahrzunehmen und uns nicht zu verurteilen für das, was wir im Augenblick fühlen. Wir registrieren lediglich, dass wir vielleicht neidisch sind, weil der Nachbar schon wieder ein neues Auto vor der Tür stehen hat oder weil sich die Freundin nie Sorgen um die Noten ihres Sohnes machen muss, während wir jedes Jahr um die Versetzung unseres Kindes bangen. Vielleicht empfinden wir auch ein starkes Begehren, wann immer wir an den verheirateten neuen Kollegen im Büro denken … Es geht nicht darum, uns niederzumachen oder zu verurteilen, weil wir so empfinden. Es geht um Ehrlichkeit uns selbst gegenüber, denn nur wenn wir uns unseren Gefühlen stellen, sie erkennen und mit wohlwollendem Interesse betrachten, wenn wir sie akzeptieren, statt sie loswerden zu wollen, können wir sie schließlich auch verwandeln und loslassen. Buddha sagt, dass es für jeden denkenden und fühlenden Menschen möglich ist, innere Freiheit und Ruhe zu finden. Wir müssen nicht von Konflikten belastet leben, wenn wir neue Wege wagen, die uns aus den gewohnten Verhaltensmustern herausführen.

Physisches und psychisches Leid

Buddhas Lehre unterteilt das alltägliche Unglücklichsein in körperliches und psychisches Leid. Ersteres zeigt sich in der Erfahrung von Schwäche und Hilflosigkeit, in all den vielen Krankheiten und Behinderungen, mit denen Menschen leben müssen. Körperliches Leid kann bedeuten, den Hormonen ausgeliefert zu sein, keine Kinder bekommen zu können, mit dem Altern die gewohnten Kräfte zu verlieren. Physisches Leid wird auch in allen Formen der Abhängigkeit erlebt – Drogen- und Alkoholsucht, Nikotin- und Esssucht kommen in unserer Gesellschaft am häufigsten vor. Zu den psychischen Leiden gehören dagegen alle problematischen Gefühle, die wir fürchten und partout nicht erleben wollen – von Angst und Trauer über Eifersucht und Neid bis hin zu Wut und Hass, um nur einige zu nennen. Das Leiden kann sich in den verschiedensten Formen zeigen, zum Beispiel, wenn wir

- uns nicht gesehen und nicht akzeptiert fühlen,
- der Tod uns von einem geliebten Menschen getrennt hat,
- betrogen und hintergangen werden,
- uns ungerecht behandelt und nicht verstanden fühlen,
- dauernd knapp bei Kasse sind,
- uns schlimme Erinnerungen quälen,
- ständig in Auseinandersetzungen mit unserem Umfeld verwickelt sind,
- nicht im gewünschten Beruf arbeiten können,
- uns vor Krebs oder anderen unheilbaren Krankheiten fürchten,
- an den Folgen unserer eigenen Aggressivität leiden,
- mit dem Gewicht oder generell dem Aussehen unzufrieden sind,
- uns nicht klug genug fühlen …

Diese Liste könnte seitenlang fortgesetzt werden. Buddha wusste um das menschliche Leiden und entwickelte davon ausgehend seine Lehre. Er sagte: Das Sich-Aufreiben im Alltag, das Unglücklichsein über Schmerzen und Krankheiten, Verluste und Veränderungen, das durchlebt jeder, dem kann keiner entgehen –

aber *wir können lernen, mit dem Schwierigen anders umzugehen.* Wir brauchen uns nicht in eine Opferrolle zu fügen, sondern können uns aus der Abhängigkeit von den äußeren Umständen befreien.

Mit Energie zu Einsicht

Vielleicht stehen Sie vor den Scherben einer Beziehung, weil Ihr Partner Ihre Eifersucht nicht mehr ausgehalten hat, oder Sie leiden unter den Nörgeleien Ihrer Mutter und können sich nicht zur Wehr setzen. Warum geraten Sie immer wieder in ähnliche schmerzhafte Situationen? Nicht weil das Leben es böse mit Ihnen meint, sondern weil Sie unbewusste Verhaltensweisen entwickelt haben, die Sie immer wieder auf eine Weise handeln lassen, die zu Leiden führt. Um diese Muster mit den Wurzeln auszugraben, ist es wichtig, gezielt und regelmäßig Energie einzusetzen, das heißt, auch eine gewisse Anstrengung auf sich zu nehmen. Wenn wir beginnen, das eigene Lebensumfeld aufmerksam zu durchforsten, hören wir auf, die alltäglichen Wiederholungen, die immer aufs Neue Schmerz erzeugen, weiter zu nähren, und fördern stattdessen jene Eigenschaften, die sich positiv auswirken.

Die Motivation nähren

Mithilfe der Übungen in diesem Buch werden Ihnen die inneren Gesetzmäßigkeiten bewusst, die verhindern, dass Sie wachsen und freier leben können. Sie lernen, zwischen Verhaltensweisen zu unterscheiden, die Glück bringen, und solchen, die Leiden hervorrufen. Um diese Einsichten zu gewinnen, brauchen Sie eine starke Motivation, die Ihnen sagt: »Du kannst deine schwierigen Gefühle durchaus anders bewältigen. Wenn du täglich neu aktiv wirst, dich auf die Übungen in diesem Buch einlässt und immer wieder achtsam Pausen einlegst, dann wird sich ganz sicher etwas verändern.« Der Einsatz, den Sie bringen, entspricht dem Ergebnis, das Sie erfahren. Sie werden einen Zugang zu Ihren eigenen Emotionen finden und als Belohnung Erleichterung und mehr inneren Freiraum erhalten. Sie sind plötzlich ausgeglichener. Ihr Leben wird freudiger, weil Sie sich weniger in tausend Kleinigkeiten verlieren. Sie können die Ruhe genießen, vor der Sie früher Angst hatten.

Sieben kostbare Eigenschaften entwickeln

In seinen Lehrreden weist Buddha darauf hin, dass wir bereit sein müssen, unsere schwierigen Gefühle genau anzusehen. Wir brauchen Lernfreude und den Willen, uns selbst und die Auswirkungen unseres Verhaltens besser zu verstehen. Wenn wir zu dem Ort in uns selbst vordringen möchten, von wo aus wir uns friedlich und mit Freude den alltäglichen Aufgaben widmen, wenn wir den inneren Raum in uns erschließen möchten, in dem wir heil sind, nicht mehr verwundet und zerrissen von konfliktbeladenen Emotionen (siehe auch Kapitel 4), dann sollten wir die sieben Faktoren des Erwachens in uns aktivieren. Diese sieben Eigenschaften heißen auch die »Sieben Erleuchtungsglieder« oder in der Pali-Sprache, die zu Buddhas Lebzeiten gesprochen wurde, Bojjhanga. Verschiedene Autoren haben unterschiedliche Übersetzungen für die einzelnen Eigenschaften gewählt. Mir erscheinen die folgenden Bezeichnungen am zutreffendsten: *Achtsamkeit, Energieeinsatz, Forschergeist, Freude, Sammlung, innere Entspannung und Gelassenheit.*
Jeder Mensch kann durch kontinuierliches Üben diese sieben kostbaren Eigenschaften entwickeln. Sie werden jedoch nicht nacheinander wie Treppenstufen aufgebaut, sondern sie wollen mehr oder weniger gleichzeitig kultiviert werden. Alle sieben Qualitäten stehen immer miteinander in Verbindung, so wie sieben Instrumente eines Musikstücks. Manchmal sind all diese kostbaren Eigenschaften im Gleichklang vereint, dann wieder versetzen wir uns intensiv in eine einzige hinein, wodurch diese sich als Solist aus dem Orchester heraushebt, während die anderen gleichzeitig ihre Partitur im Hintergrund weiterspielen. Auch wenn wir in den kommenden Kapiteln

zum Üben einzelne Eigenschaften herausgreifen und besonders trainieren, führen sie erst im Miteinander zum Ziel. Mal üben wir mehr innere Entspannung, mal Freude und Gelassenheit. Oder wir sammeln uns und aktivieren dabei den Forschergeist. Achtsamkeit gilt als unverzichtbare Grundlage für jeden inneren Wachstumsprozess und steht immer im Mittelpunkt. Die drei Faktoren Energieeinsatz, Forschergeist und Freude haben anregende Wirkung, während Sammlung, Entspannung und Gelassenheit sich eher beruhigend auf den Geist auswirken. Wenn wir das Beste aus unserem Leben machen möchten, sollten wir uns diesen sieben Faktoren des Erwachens bewusst zuwenden und sie zunehmend ausbilden. Inem wir sie pflegen und regelmäßig üben, bringen wir sie zum Blühen. In den einzelnen Kapiteln dieses Buches wird jeweils eine dieser Eigenschaften im Mittelpunkt stehen und uns dabei unterstützen, ein emotionales Gleichgewicht herzustellen und schrittweise schwierige Gefühle in positive Kräfte zu verwandeln. Schauen wir uns also die erste erstrebenswerte Eigenschaft genauer an: den Faktor Energieeinsatz.

Die erste kostbare Eigenschaft: Energieeinsatz

Energieeinsatz können wir als aktiv werden und kontinuierlich üben sowie als Durchhaltevermögen verstehen. Kraft wächst mit ihrem Gebrauch. So wie sich Muskeln durch Übung bilden, bauen sich auch geistige Kräfte durch regelmäßige Anwendung auf. Entschiedenes Handeln, Einfühlungsvermögen, Selbstachtung – all das will regelmäßig geübt werden und braucht Energieeinsatz. Ich verbinde mit diesem Begriff den inneren Ruck, den wir uns geben müssen, um mit Achtsamkeit schwierigen Gefühlen ins Auge zu schauen. Mich kostet es beispielsweise immer große innere Überwindung, bei guten Freunden etwas anzusprechen, das mir auf die Nerven geht. Eine Weile habe ich bei jeder Begegnung eine neue Ausrede parat, weshalb es gerade nicht passend ist, von meiner Unzufriedenheit zu sprechen. Ich muss erst einige Diskussionen mit mir selbst führen, um endlich auszusprechen, was Sache ist. Und danach wundere ich mich meistens, wie einfach und wohltuend das Gespräch verlaufen ist, und nehme mir vor, beim nächsten Mal nicht so lange zu zögern. Denn es kostet mich mehr Kraft, das Ringen in mir auszuhalten, als die Wahrheit zu sagen. Wir brauchen beständigen Energieeinsatz, wenn wir uns ändern wollen. *Mit dem täglichen Üben entwickelt sich die Fähigkeit, Herausforderungen zu meistern.* Energieeinsatz bedeutet, immer wieder loszugehen, etwas zu wagen, denn es bedarf vieler Wiederholungen, bevor eine heilsame Gewohnheit entsteht.

Die Kunst der kleinen Schritte

Finden Sie heraus, wodurch Energie in Ihnen geweckt wird. Was motiviert Sie, sich mit Ihren Gefühlen auseinanderzusetzen? Welche Erfahrungen haben Sie bisher gemacht, wenn Sie etwas Neues lernen und am Ball bleiben wollten? Ein Ziel, das uns Freude macht, uns überzeugt und wertvoll erscheint, aktiviert die inneren Kräfte. Nehmen wir an, Sie wünschen sich, körperlich und geistig beweglicher zu werden. Die Kunst im Verfolgen eines jeden Ziels liegt darin, sich Teilziele zu stecken. Statt den großen Fitnessrundumschlag zu starten, könnten Sie sich vornehmen, fürs Erste zweimal die Woche mit einer guten Freundin langsam durch den Park zu joggen. Oder Sie schauen sich einmal im Monat einen englischen Film an, um Ihre Sprachkenntnisse zu erweitern, weil Sie es noch nicht schaffen, regelmäßig einen Kurs zu besuchen. Wenn Sie sich abends sagen können: »Heute habe ich es geschafft, meinem Ziel wieder ein Stück näher zu kommen«, dann können Sie zufrieden einschlafen. Klarheit über ein Ziel (und sei es noch so klein) motiviert uns, zu beginnen und die notwendigen Kräfte zu sammeln. Zunächst einmal werden Sie durch das Lesen dieses Buches angeregt, Ihre inneren Prozesse besser zu verstehen und sich in vorurteilsfreier Selbstwahrnehmung zu üben. Sie setzen Ihre Energie ein, um innezuhalten. Wie gerne lenken wir uns von unangenehmen Gefühlen ab, gehen über sie hinweg!

Erinnern Sie sich immer wieder selbst daran, sich die Zeit zu nehmen, wahrzunehmen, was Sie in Ihrem Inneren erleben. Auch wenn Sie es zuweilen nicht verstehen, können Sie doch spüren: »Ja, so empfinde ich wirklich in diesem Moment.«

Was soll sich ändern?

Das Düngemittel für Ihren Energieeinsatz ist die richtige Motivation. Je klarer Sie wissen, welche Gefühle für Sie schwierig sind, umso weniger gehen Sie in unbewussten Gedankengespinsten verloren. Wir stecken alle in Verhaltensmustern. Manche davon sind sinnvoll, weil sie uns den Alltag erleichtern. Doch wenn wir die eingefahrenen Spuren verlassen möchten, dann brauchen wir Energieeinsatz und eine klare Motivation. In welche Richtung möchten Sie Ihr schwieriges Gefühl verwandeln? Stellen Sie sich vor, wie gut es sich anfühlt, wenn Sie eines Tages mit dem problematischen Gefühl gelöst umgehen können. Das motiviert Sie, den unangenehmen Erfahrungen ab sofort mit liebevoller Entschiedenheit zu begegnen.

Kleine Weisheitsgeschichte

MOHINI, DIE WEISSE KÖNIGSTIGERIN

Im Zoo von Washington lebte Mohini, eine weiße Königstigerin.
In ihrem von mächtigen Gitterstäben gesicherten Betonkäfig
trabte sie seit vielen Jahren unablässig auf und ab,
vier Meter hin, vier Meter zurück.
Schließlich fand sich eine Gruppe von Pflegern und Bewunderern,
die sich dafür einsetzten,
ein artgerechtes Zuhause für Mohini zu schaffen.
Der Zoo stellte ein weitläufiges Gehege
mit Hügeln, Bäumen und einem Teich zur Verfügung.
Aufgeregt und voller Vorfreude
entließen die Wärter Mohini in die neue Umwelt.
Zu spät!
Die Tigerin konnte die ungewohnte Freiheit nicht genießen.
Ängstlich verkroch sie sich in einer Ecke des Geheges
und lebte bis zu ihrem Tod
in einem vier Quadratmeter großen Schlupfwinkel.
Dort wanderte sie weiterhin ruhelos auf und ab,
bis auch hier kein Gras mehr wuchs.

Nur wer sein Leben wirklich in die Hand nimmt und bereit ist, an sich selbst zu arbeiten, dem gelingt es, eine frustrierende Lebenssituation zu verwandeln. Man muss Energie einsetzen, um sein Leben Schritt für Schritt zu verändern.
Für die buddhistische Lehre ist das Lernen aus eigener Erfahrung Voraussetzung für Veränderung. Sie selbst übernehmen die Verantwortung dafür, dass sich in Ihrem Leben etwas bewegt. Damit Sie das, was Sie hier lesen und durchdenken, in neue Erfahrungen umwandeln, müssen Sie sich wirklich jeden Tag Zeit nehmen. Energieeinsatz bedeutet: wiederholen, wiederholen, wiederholen – und auf diese Weise positive Gewohnheiten entwickeln.

Aufwachen im Alltag

Hat Sie die Weisheitsgeschichte über die Tigerin an Ihre eigene Lebenssituation erinnert? Oft sind wir unzufrieden und wissen sogar, was in unserem Leben anders laufen sollte – trotzdem drehen wir uns im Kreis, statt zu handeln und Veränderungen herbeizuführen. Buddha zeigt, dass die Qualität des Alltags sich nur durch wohlwollende Aufmerksamkeit wandeln kann, durch immer tieferes Verstehen und Akzeptieren. Wir dürfen nicht in dem Glauben verharren, dass die Umstände entscheidend sind. Solange wir davon überzeugt sind, dass die Wurzel unserer Unzufriedenheit allein in den äußeren Bedingungen steckt (siehe Seite 10), können wir keine innere Ruhe finden. Wir nehmen dann in jede neue Lebenssituation die alten Gewohnheiten mit und gehen weiter auf und ab in unserem Gedankenkäfig, auch wenn der äußere Raum sich deutlich verändert hat.
Schwierige Gefühle verwandeln sich erst, wenn wir mehr Bewusstheit wagen und dadurch zu einem friedlicheren Leben finden. Schon Millionen andere vor uns haben diesen Weg erkundet. Wohin er führt, möchten Sie wissen? Für mich geht es um Heilung, um ganz werden und zu den inneren Kräften kommen, die uns Erfüllung schenken. Wir entwickeln die sieben Faktoren des Erwachens, damit wir aufwachen und Erkenntnis gewinnen – in den alten Texten heißt es »erleuchtet« werden.

Kern-Übung

REGELMÄSSIGES INNEHALTEN

Alle Übungen in diesem Buch wurden unter dem Aspekt ausgewählt, sich mit den eigenen Emotionen vertrauter zu machen und Wege zu finden, die Gefühle zu verwandeln. Wir wollen schrittweise eine innere Aufmerksamkeit entwickeln, die vorurteilsfrei und interessiert die inneren Bewegungen wahrnimmt und verstehen möchte. Daher üben wir, uns das Innehalten zur Gewohnheit zu machen.
Mithilfe dieser ersten Übung kultivieren Sie den Energieeinsatz für das Innehalten. Je vertrauter Sie damit sind, umso leichter gelingt es. Wenn Sie viel Erfahrung damit haben, reicht im Tagesablauf schon ein kleiner Moment, um das Aufblitzen einer intuitiven Regung zu bemerken, die Ihnen sagt: »Hier geht es lang.« Oder: »Grenze erreicht.« Beginnen Sie also den Morgen, indem Sie ein paar Minuten innehalten, und verweilen Sie auch tagsüber immer wieder.

- Wählen Sie eine Körperhaltung, die es Ihnen erlaubt, etwa fünf Minuten unbeweglich und tief entspannt zu verweilen.
- Schließen Sie die Augen, nehmen Sie einige tiefe Atemzüge und entlassen Sie alle körperliche Spannung mit dem bewussten, vollständigen Ausatmen.
- Betreten Sie innerlich den Raum der Gefühle – er ist formlos, er kommt daher, so wie es Ihrer Vorstellung entspricht. Denken Sie einfach: »Ich mache Platz für meine innersten Empfindungen. Was fühle ich in diesem Moment?«

AM MORGEN

- Ihr verweilendes Innehalten am Morgen kann im Bett stattfinden oder bei der ersten Tasse Tee oder kurz bevor Sie das Haus verlassen. Gönnen Sie sich diese Minuten von Extraruhe und Nichtstun, in denen Sie einfach nur in sich selbst hineinhorchen: »Wie geht es mir heute Morgen, wie fühle ich mich?«
- Mit welchen Gefühlen klingt die Nacht aus, mit welchen Gefühlen beginnen Sie den Tag? Hängen noch Traumfetzen im Raum? Wie ausgeruht fühlt sich der Körper an? Empfinden Sie Ihren Muskeltonus eher als weich oder hart? Und wie ist es um Ihr Herz bestellt? Fühlt es sich offen oder eher eng an?

Fortsetzung Kern-Übung

- Lassen Sie Ihren Blick vorausschweifen: Was erwarten Sie sich von den vor Ihnen liegenden Stunden? Lösen Ihre Gedanken an Begegnungen und Gespräche, die heute geplant sind, schon jetzt Gefühle aus? Nehmen Sie nur wahr, was Sie in sich erkennen, ohne sich dagegen zu wehren, ohne etwas zu verstärken. Versuchen Sie, in sich einen Ort zu etablieren, in dem Sie möglichst entspannt betrachten, was auf Sie zukommt und was Sie jetzt dabei empfinden. Und wenn Sie nichts fühlen, ist das auch in Ordnung – nehmen Sie das ebenfalls einfach nur zur Kenntnis.

IM VERLAUF DES TAGES

- Pflegen Sie das Innehalten auch tagsüber. Manchmal wendet sich der Blick ganz spontan nach innen. Freuen Sie sich darüber und nehmen Sie sich Zeit dafür. Wenn irgend möglich, lassen Sie auch den Körper in dem Moment zur Ruhe kommen, bleiben Sie stehen, sitzen, regungslos. Schließen Sie die Augen, falls das in die Situation passt: »Ah, das ist mein Raum der Gefühle – aaahhhh, so fühlt es sich jetzt gerade an!« Können Sie noch mehr Einzelheiten spüren?

AM ABEND

- Desgleichen am Abend: Nehmen Sie, bevor Sie schlafen gehen, wieder Ihre entspannte, unbewegte Körperhaltung ein. Fragen Sie sich: »Wie ist dieser Tag verlaufen, mit welchen Gefühlen schaue ich zurück?« Denken Sie nicht: »Das hätte ich anders machen müssen.« Beurteilen, vergleichen Sie auch jetzt nicht. Registrieren Sie lediglich, was in Ihr Bewusstsein tritt und welche Gefühle sich zeigen. In der reinen, nicht bewertenden Kenntnisnahme liegt Ihre Leistung.
- Wenn Sie ein gläubiger Mensch sind, möchten Sie vielleicht ein Gebet anschließen und mit einer inneren Verneigung die Erfahrungen und Gefühle des Tages Gott oder Buddha oder einem anderen wunderbaren Wesen zu Füßen legen. Finden Sie Ihre eigenen Worte der Hingabe, mit denen Sie sich innerlich mit einer höheren Macht verbinden. Auch wenn Sie sich nicht einem Höheren überantworten, wird es Ihnen wohltun, eine Prise Dankbarkeit für das reine Lebendigsein einzustreuen.

Achtsamkeit für Gefühle im Körper entwickeln

Die breite Skala der Gefühle

Um Zugang zu seinen Emotionen zu finden, braucht jeder eigene Herangehensweisen. Mit Geduld und Energieeinsatz können wir die Eingangstür zum Raum der Gefühle entdecken und die verschiedenen Ausdrucksweisen von unangenehmen und angenehmen Gefühlen genau erforschen. Am einfachsten funktioniert das über den Körper. Denn das Grummeln im Magen oder der Schmerz in der Lendenwirbelsäule sind wertvolle Signale – und deshalb geht es in diesem Kapitel besonders darum, Körperachtsamkeit zu entwickeln.

»Oft weiß ich gar nicht, ob ich Gefühle habe«, murmelt Johan mit betretenem Gesicht. Wir haben uns auf einen Kaffee getroffen, um über die gerade beschlossene Trennung von seiner Lebensgefährtin zu sprechen. Wieder ist eine Beziehung gescheitert, weil er keine Worte für seine Emotionen fand. Mein alter Freund sitzt kopfschüttelnd vor mir, sein Blick schweift ab zum Fenster. »Kann man denn lernen, Gefühle zu haben?«, möchte er schließlich wissen. Ich schlage ihm vor, die Frage anders zu stellen. Jeder Mensch hat Gefühle, sie werden nur nicht immer bewusst erlebt. Viele Menschen haben nicht gelernt, ihnen Aufmerksamkeit zu schenken. Sie wissen deshalb auch nicht, dass ihr Verhalten von Gefühlen gesteuert wird. Daher sollte die Frage lauten: »Wie kann ich meine Aufmerksamkeit auf Gefühle in mir richten, wenn sie noch ganz unbewusst sind?«

Die Wirkung unbewusster Gefühle

Ganz allgemein betrachtet kann man von keinem Gefühl sagen, dass es richtig oder falsch wäre. Jedes Gefühl ist hoch individuell und hat das Recht, so zu sein, wie es ist. Aber da Gefühle gravierende Folgen haben können – vor allem die unbewussten –, ist es wichtig, ihre Ursachen und Wirkungen besser zu verstehen. Wodurch wird die innere Gefühlsbewegung ausgelöst? Woher kommen die Emotionen, die sich plötzlich in unserem Bauch breitmachen? Wohin ziehen sie, wenn sie als Tränen über die Wangen rinnen oder sich mit Fäusten Bahn brechen?
Neulich saß ich mitten in einer wichtigen Verhandlung und konzentrierte mich sehr auf Fakten und Formulierungen, bis der Vertrag stand und bis zur Unterschrift noch einen Tag ruhen sollte. Zwei Stunden nach diesem Gespräch schoss in mir plötzlich ein Gefühl hoch, für das es bis dahin keine bewussten Anzeichen gegeben hatte. An der Sache schien etwas faul zu sein. Diesen Vertrag durfte ich so nicht unterschreiben. Ich erinnerte mich plötzlich daran, dass zwischen den Worten und den Gesten des

Verhandlungspartners keine Übereinstimmung bestanden hatte. Warum war mir das nicht gleich aufgefallen? Meine Konzentration war so absorbiert worden von sachlichen Themen, dass für die inneren Gefühlsregungen kein Raum bestanden hatte. Erst im Nachhinein, als ich alleine war und Zeit zum Nachspüren fand, bemerkte ich das Rumoren im Bauch und deutete es als Alarmzeichen. Postwendend kam die Frage: »Wie werde ich nun dieses unangenehme Gefühl schnellstmöglich wieder los?« Es macht einen großen Unterschied, sich Gefühle zu wünschen, zu denen man bisher keinen Zugang hatte, und dann vor der Aufgabe zu stehen, genau diese auszuhalten. Wenn wir unsere verdrängten Gefühle freilegen, zeigen sich ja die unangenehmen häufig zuerst. Im Fall von Vertragsverhandlungen können wir froh sein, wenn solche Gefühle auftauchen und uns warnen, bevor wir unsere Unterschrift gegeben haben. In anderen Lebenssituationen tauchen aber schwierige Gefühle wie Zorn oder Eifersucht in Momenten auf, in denen sie nur Verwirrung stiften und wir uns nicht damit auseinandersetzen möchten. Dann wundert sich beispielsweise der Ehemann, warum er aus heiterem Himmel beschimpft wird, und fragt: »Warum machst du aus einer Mücke einen Elefanten? Ich hab doch gar nichts Schlimmes getan!« Und er hat recht: Die Reaktion seiner Frau steht in keinem Verhältnis zum Geschehen. Der Auslöser waren ein paar unbedachte Sätze von ihm, die ein unbewusstes Gefühl in ihr hervorgerufen haben, das bei der nächstbesten Gelegenheit zur Entladung kam. Wenn wir solche unbewussten Gefühle nicht wahrnehmen können, führen sie zu Ausbrüchen oder irrationalen Verhaltensweisen, die für alle Beteiligten schmerzhaft sind. Wenn wir uns unbewusst verletzt fühlen, reagieren wir mit einem Angriff gegen den anderen oder ziehen uns emotional zurück und verschließen uns vor ihm. *Gefühle, die nicht wahrgenommen werden, beeinflussen unser Handeln und lösen häufig wiederkehrende Ereignisse aus.* Wenn wir bemerken, dass wir mit dem Partner oder den Kindern immer wieder in die gleichen Auseinandersetzungen geraten, ist das ein Zeichen dafür, dass dahinterliegende Emotionen nicht genügend Beachtung finden. Da kann die Frage helfen: »Welche Gefühle nehme ich nicht wahr – bei mir, bei dem anderen? Welcher Wunsch findet kein Gehör?«

Gefühle unvoreingenommen wahrnehmen

Um den vielschichtigen inneren Gefühlsprozessen auf die Spur zu kommen, versuchen wir, allen inneren Regungen gegenüber möglichst offen und unvoreingenommen zu sein – alles soll zunächst so sein dürfen, wie es ist. Solch ein achtsam gewährender Umgang mit inneren Erfahrungen stärkt unsere Bereitschaft, verdrängte Emotionen wieder ans Tageslicht kommen zu lassen. Denn wenn es sich um schwierige Gefühle handelt und wir dazu neigen, Gefühle zu unterdrücken, ist diese Bereitschaft erst einmal nicht besonders stark ausgeprägt!

Während die einen darunter leiden, zu wenig Zugang zu den eigenen Emotionen zu finden, fühlen sich andere leicht überschwemmt und weggetragen von zu viel Gefühl. Der kleinste Anlass bringt sie auf hundertachtzig. Sie verlieren sich in den Dramen, die dadurch heraufbeschworen werden, und sagen sich deshalb: »Ich will gar nicht mehr über meine Gefühle erfahren. Wenn ich in mich hineinhorche, kann ich überhaupt nicht mehr aufhören zu weinen. Oder dann platze ich vor Wut. Ich weiß nicht, wie ich mit meinen Gefühlen umgehen soll, sie sind mir einfach viel zu stark.« Hinzu kommt, dass uns nicht nur die eigenen Emotionen zu viel werden. Wer sich schlecht abgrenzen kann, dem kommen die Tränen, wenn ihm jemand eine traurige Begebenheit erzählt, oder er ist gleich mindestens so aufgebracht wie die Kollegin, die sich über ihren Chef aufregt. Manche bezeichnen sich daher als »Gefühlsjunkie«, weil sie sich Gefühle begierig zu eigen machen (siehe auch Seite 78).

Gemeinsamkeiten von Gefühlen

Schauen wir uns genauer an, welche übereinstimmenden Eigenschaften Gefühle haben. Gefühle oder Emotionen sind biologische Reaktionsmuster, automatisch ablaufende Antworten auf bestimmte Erfahrungen. Die Gefühlsforschung spricht von

einer Reihe von Grundgefühlen, die den Menschen in allen Kulturen angeboren sind: Ärger, Freude, Erstaunen, Trauer und Ekel. Selbst von Geburt an blinde Kinder zeigen in ihrem Gesichtsausdruck diese Gefühle. Im Laufe der folgenden Kapitel finden Sie zu jedem Grundgefühl einen ausführlichen Abschnitt.
In der menschlichen Entwicklungsgeschichte entstanden Emotionen, um einem Lebewesen zu helfen, sein Leben zu retten. Wenn keine Zeit zum Nachdenken blieb, wenn sofort gehandelt werden musste, um zu überleben, hat die Emotion die spontane Reaktion ausgelöst. Deshalb sind Emotionen häufig Schutzmechanismen. Die westliche Wissenschaft definiert eine Emotion als »automatisches Bewertungsmuster«, das in unglaublicher Schnelligkeit unbewusst abläuft. *Emotionen regulieren Vorgänge im Körper, die uns in Bereitschaft versetzen, optimal zu handeln.* Es gibt Verhaltensmuster, die spontan, ohne Bewusstsein aktiviert werden, etwa der Aufschrei »Achtung!«, um zu verhindern, dass jemand vor ein Auto läuft. Andere durch Emotionen ausgelöste Verhaltensweisen können auch willentlich gesteuert werden. Ein ängstlicher Beifahrer bremst vielleicht anfangs unwillkürlich mit, wenn er neben einem allzu forschen Autofahrer sitzt. Doch sobald ihm das auffällt, kann er damit aufhören. Damit wir zwischen Gefühl und der daraus folgenden Handlung innehalten können, brauchen wir jedoch eine hohe Wahrnehmungsfähigkeit und viel Übung.

Verschiedene Bewegungsrichtungen der Gefühle

Gefühlsbewegungen werden ausgelöst durch Aktivitäten im Nervensystem, die wir als Aufregung erleben. Gefühle sind komplexe Erregungsmuster, in der Regel ohne festgelegte Form, häufig aber als Welle erkennbar. So wie die Wellen des Ozeans bauen sich Gefühle auf und ebben ab. Die Wasserwelle hat eine Fließrichtung, die Gefühle dagegen bewegen sich in unterschiedliche Richtungen. Sie strömen – oft vom Bauch- oder Herzraum ausgehend – durch die Muskulatur, bewirken ein Versteifen, ein Verkrampfen, ein Entspannen oder ein Ausdehnen – je nach Charakter des Gefühls. Wir können unterscheiden, ob Emotionen eher eine innere Expansion oder eine innere Kontraktion auslösen (siehe auch Seite 36). Wir spüren die Bewegung in unserem Körperraum, im Gesichtsausdruck, auch in Form von Gedanken. Einige Gefühlswellen rauschen durch uns hindurch ohne jegliche Gedankenaktivität, andere werden allein von Gedanken geweckt und aufgebauscht.

Unterschiedliche Formen von Gefühlsintensität

Es gibt unzählige Abstufungen von Gefühlsintensität. Manche Gefühle erscheinen brennend heiß, manche haben gar keine spezielle Temperatur. Befinden wir uns im Gefühlswellental, scheint die innere Bewegung so minimal, dass wir die Emotion kaum spüren können. Erleben wir gerade die Aufwärtsbewegung der Welle, dann sind die Gefühle so heftig, dass uns die Knie weich werden. Mit einem einzigen Gedanken »Der Schlüssel!« kann uns der Schreck in den Körper fahren. Blitzartig wird uns klar, dass wir schon auf halbem Weg zum Flughafen sind, nicht mehr umkehren können und vergessen haben, den Schlüssel für die Ferienwohnung einzustecken. Der Gedanke an die Konsequenzen raubt uns den Atem, schnürt uns die Kehle zu und verursacht sofort Bauchschmerzen. Deutlich spüren wir die körperlichen Auswirkungen von hohen, intensiven Gefühlswellen – das Blut schießt in den Kopf, der Schweiß rinnt, der Mund wird trocken, das Herz beginnt zu rasen, die Muskeln zittern. Natürlich gibt es neben Angst und Schrecken auch Gefühle, die unglaublich fein und kaum wahrnehmbar daherkommen: ein erster Anflug von Eifersucht, ein Misstrauen, das neben der Wiedersehensfreude kaum Gewicht hat. Zuneigung können wir sehr zart empfinden, auch Verlegenheit oder Unsicherheit kann nahezu unmerklich für uns und andere in uns wirken. Manche Gefühle lassen uns in scheinbare Stagnation versinken, wie zum Beispiel unbewusste Frustration. Hier ist keine Bewegung erkennbar, wir fühlen uns nur dumpf und schlapp. Und es gibt Gefühle, die das Innerste aus uns herauskatapultieren, uns überschwemmen, den Boden wegreißen, uns nur noch schreien lassen: »Nein! Nein! Das darf nicht wahr sein!« Wenn wir nicht mit unserer Gefühlswelt vertraut sind, muss das Gefühl stark sein, damit es von uns registriert wird. Intensität prägt sich unserem Gedächtnis leichter ein, aber sie täuscht uns auch darüber hinweg, dass die Gefühle und die Lebendigkeit, die wir suchen, abhängig sind von unserer Fähigkeit, Zwischentöne zu hören oder auch mal ganz still zu sein. Mit zunehmender Übung erkennen wir eine Gefühlswelle bereits auf halber Höhe, wenn die Empfindungen noch nicht so dramatisch sind. Wir lernen, die ersten Gefühlszeichen zu lesen und auf dieser Welle zu reiten, bevor sie über uns zusammenbricht und wir mitgerissen werden.

Bewertung von Sinneseindrücken wahrnehmen

Durch minutiöse Selbstwahrnehmung in Zuständen höchster Konzentration konnte Buddha schon vor zweitausend Jahren beschreiben, wie die Urbausteine von Gefühlen aussehen. Er lehrte, dass wir unseren Sinnen unser gesamtes Erleben verdanken. Über unsere Sinnesorgane erschaffen wir die Welt. Deshalb ist es wichtig, sich genau anzuschauen, wie Sinneswahrnehmung geschieht, denn jeder noch so winzige Sinneseindruck löst eine naturgegebene Empfindung von »Das erscheint mir angenehm« oder »Das erscheint mir unangenehm« oder »Das erscheint mir weder angenehm noch unangenehm« aus. Im Buddhismus werden diese Empfindungen »vedana« genannt, was Gefühlstonus oder Gefühlsqualität bedeutet. Bei den meisten Sinnesreizen, die wir empfangen, wissen wir sofort, ob wir sie mögen oder nicht. Wir riechen den Schokoladenguss des Geburtstagskuchens – wie angenehm! Wir hören den Sektkorken etwas zu laut knallen – leicht unangenehm. Die Musik im Hintergrund stört uns nicht – weder angenehm noch unangenehm. Da jeder Sinneseindruck entweder angenehm, unangenehm oder neutral ist, reagieren wir mit einer – meist unbewussten – inneren Bewegung auf ihn. Auf das Angenehme gehen wir zu, denn davon möchten wir mehr haben, und vom Unangenehmen wenden wir uns ab, denn wir wollen, dass es aufhört. Das Neutrale finden wir langweilig und beachten es gar nicht. Welche Bewegungsrichtung ein Gefühl einschlägt, hängt davon ab, wie wir den auslösenden Reiz bewerten – ob er uns gefällt oder ob wir ihn ablehnen. Dieser extrem schnelle innere Prozess, den Sinnesreiz zu empfangen, zu bewerten und mit der Energie der Ablehnung oder Zustimmung anzureichern, ist aus buddhistischer Sicht die Grundlage dessen, was wir Gefühl oder Emotion nennen. Das komplexe Netzwerk von unbewussten Reaktionen auf einen angenehmen, unangenehmen oder neutralen Sinnesreiz formt unsere Gefühle: alle Stufen von Abwehr bis hin zu Ärger, Böswilligkeit und Hass und alle Stufen von Verlangen bis hin zur Gier. Alle Abwehr baut sich aus dem Widerstand gegen das Unangenehme auf, Begehren wird genährt durch das Verlangen nach dem Angenehmen. Unser ständiges Unterscheiden zwischen angenehm und unangenehm und die sofortige Reaktion darauf ist der

Nährboden für die beiden Triebkräfte Aversion und Begehren, die eine ungeheure Macht über uns haben. In den folgenden Kapiteln werde ich auf diese schwierigen Gefühle noch ausführlicher eingehen. Erst wenn es uns gelingt, mit wachsender Achtsamkeit unser Verlangen nach angenehmen Gefühlen und unsere Abwehr von unangenehmen Empfindungen zu durchschauen, sind wir nicht mehr an unsere Reaktionen gekettet und können lernen, frei von Aversion und Begehren über unser Verhalten zu entscheiden. Wenn Sie zum Beispiel Mittagsschlaf halten wollen und Ihr Nachbar fängt genau dann an, Rasen zu mähen, können Sie sich bewusst machen: »Dies ist eine unangenehme Erfahrung.« Durch dieses bewusste Registrieren der Gefühlsqualität entsteht Raum in Ihnen, zu entscheiden, ob Sie darauf mit Ärger reagieren oder das Geräusch einfach nur als unangenehm wahrnehmen, ohne es weiter zu beachten. Es wird nicht möglich sein, unangenehme Erfahrungen aus Ihrem Leben zu verbannen, aber Sie können lernen, Ihre Bewertungen zu erkennen und bewusst Ihre Haltung zu verändern – und sich dadurch viel Ärger und Aufregung ersparen.

Berührung erzeugt Gefühle

Fühlen ist immer Ausdruck von Berührung, Kontakt oder Reibung. Buddhistische Psychologie besagt, dass immer dann ein Gefühl entsteht, wenn ein Sinnesreiz auf uns einwirkt, wenn uns etwas berührt. Zum tatsächlichen Fühlen kommt es allerdings nur, sofern wir uns der Empfindung bewusst sind. Sinnesreize, die auf uns einwirken, ohne dass ein Bewusstsein vorhanden ist, werden nicht registriert, können aber dennoch im Unbewussten abgespeichert werden. Beispielsweise vermag sich ein zweijähriges Kind, das den Unfalltod eines Elternteils miterlebte, zwar später nicht daran erinnern, es kann jedoch trotzdem ein Leben lang von diesem im Unbewussten bewahrten Schrecken beeinflusst werden. Oftmals erleben wir im Alltag, dass wir etwas nicht hören oder sehen, wenngleich uns eigentlich nichts daran gehindert hat. Obwohl wir hinschauen, nehmen wir den Bekannten auf der Straße nicht wahr, der sich prompt über unsere Unfreundlichkeit ärgert. Wahrnehmung ohne Bewusstsein erzeugt oft große Missverständnisse und auch Unfälle. Die Sinnesorgane funktionieren, doch da kein Gewahrsein vorhanden ist, wird der Reiz nicht registriert. Bewusstsein gibt es in unendlich vielen Abstufungen, die alle von Achtsamkeit durchleuchtet werden wollen. Achtsamkeit ist der Grundbaustein von Bewusstsein – und Bewusstsein ist das, was weiß. Wenn ich weiß, was ich fühle, habe ich ein Bewusstsein von meinem Gefühl. So gesehen kann Berührung auch im Geist allein vorkommen, denn wenn in unserem Inneren zwei Gedanken miteinander ringen, berühren sie einander und bewirken ein Gefühl. Der Gedanke wirkt auf den Geist wie der Ton auf das Ohr. Er ist ein Sinnesreiz im Geist. Eine Erinnerung taucht auf, und wenn in dem Moment Bewusstsein da ist, wird der Gedanke gespürt, es entsteht ein Gefühl von angenehm oder unangenehm, sofort auch von Habenwollen oder Nichthabenwollen. Gedanken können Gefühle hervorrufen, sie aber auch unterdrücken und zerstreuen. Das hängt von der Qualität der Gedanken ab. Entsprechend groß ist ihr Einfluss auf unser Gefühlsleben.

Die zweite kostbare Eigenschaft: Achtsamkeit

Von den sieben Faktoren des Erwachens ist innere Achtsamkeit die zentrale Eigenschaft. Nur wenn wir ganz wach und bewusst wahrnehmen, was in uns und um uns herum geschieht, können wir aus Erfahrung lernen. Wie sollen wir Gefühle verwandeln, wenn wir sie nicht einmal spüren? Wie können wir Mitgefühl entwickeln, wenn wir unserem Gegenüber nicht aufmerksam zuhören? Achtsamkeit ist der Treibstoff für unsere Bewusstseinsentwicklung, ist gerichtete Energie, geistige Nahrung und zeigt sich in der Beständigkeit unseres Wissensdurstes.

Wenn wir Erlebnisse und Erfahrungen über uns hinweg- oder durch uns hindurchrauschen lassen, verfliegen sie wie ein Duft, der im nächsten Moment schon wieder

vergessen ist. Angenommen, Sie werden dauernd von einer Freundin versetzt. Sie verabreden sich stets aufs Neue, und jedes Mal bekommen Sie kurz vorher eine SMS mit einer faulen Ausrede. Wie oft muss sich das wiederholen, um daraus zu lernen? Vielleicht möchten Sie Ihre Freundin nicht verlieren und scheuen sich deshalb vor der klaren Aussprache. Andererseits spüren Sie tief im Inneren, dass sie sich nicht wie eine gute Freundin verhält. Sie möchten nicht weiter so respektlos behandelt werden. Um dieses Verhaltensmuster aufzulösen, brauchen Sie die Bereitschaft, achtsam nachzuspüren, was in Ihnen im Moment der Absage passiert. Erst wenn Sie die aufkeimenden Gefühle von Ärger und Verlassensein zulassen, erkennen Sie, wie rasch Sie diese unangenehmen Emotionen beiseitewischen, indem Sie geschäftig einen Ersatz für die geplatzte Verabredung suchen.
Viele Anekdoten von zerstreuten Professoren führen uns vor Augen, wie sich ein Mangel an Achtsamkeit auswirken kann. Dem Breslauer Medizinprofessor Emil Ponfick hüpfte bei einem Spaziergang ein Frosch über den Weg. Geschickt fing er ihn ein, holte seine Taschenuhr hervor und sagte: »Dem Kerlchen will ich doch schnell mal den Puls fühlen.« Doch der Frosch zeigte sich nicht entgegenkommend. »Der hat ja gar keinen Puls, ich kann nichts fühlen!«, rief der Professor verärgert und warf in weitem Bogen die Uhr in den Teich und steckte den Frosch in die Tasche.

Ein Gefühl nach dem anderen aufdecken

Ob zu viel oder zu wenig Gefühl – in beiden Fällen ist mehr Aufmerksamkeit für achtsames Empfinden gefragt, um uns und unsere Umwelt besser zu verstehen. Nur aus dem einfühlsamen Verständnis heraus entwickelt sich die Fähigkeit, im rechten Moment den angemessenen Umgang mit Emotionen zu finden. Der Kontakt zu unseren Gefühlen formt unsere Erfahrung von Wirklichkeit, er bestimmt, ob wir glücklich, latent unzufrieden oder unglücklich sind. Zum Erkennen eines Gefühls gehört die Fähigkeit, die verschiedenen Begleiterscheinungen in Körper und Geist bewusst wahrzunehmen und Worte dafür zu finden. Dafür brauchen wir Achtsamkeit, das heißt Anwesenheit im gegenwärtigen Moment – genau dann, wenn die Erfahrung stattfindet. Erst wenn wir in der Lage sind, mit Achtsamkeit zu beschreiben, was wir im Körper spüren und welche Bilder, Erinnerungen oder Gedanken zu bestimmten Körperempfindungen gehören, erschließt sich uns die Bedeutung eines Gefühls. Um eine umfassende innere Aufmerksamkeit dafür zu entwickeln, brauchen wir eine wohlwollende, liebevolle Offenheit, die erst einmal alles in uns wahrnehmen und nur verstehen möchte – ohne zu bewerten oder zu verurteilen, auch nicht kommentierend. Diese Haltung haben die meisten von uns nicht erlernt. Wir müssen üben, Raum für die innersten Empfindungen zu schaffen, ohne sie wegradieren, ohne sie ändern zu wollen. Denn wenn wir versuchen, uns zu verändern, entwickeln wir bereits einen Widerstand gegen die Erfahrung dieses Augenblicks. Schritt um Schritt bauen wir stattdessen ein akzeptierendes Gewahrsein unserer inneren Prozesse auf.

Wahrnehmung verfeinern

Die Kunst der achtsamen Wahrnehmung besteht darin, genau zu spüren, wie wir uns selbst in die Enge treiben, verurteilen und bewerten, und ebenso deutlich zu erkennen, in welchen Situationen wir uns frei und wohl fühlen. Im gleichen Maße, wie wir diese Fähigkeit für unsere innere Wahrnehmung entfalten, breitet sie sich erfreulicherweise nach außen hin aus. Achtsam erkennen wir nun auch, wie anderen zumute ist. Wir bemerken deren Zögern, den Moment, wenn sich unser Gegenüber vielleicht selbst keinen Raum geben kann, und wir sagen: »Moment mal, ist das wirklich die beste Lösung?« Mit Achtsamkeit verfeinern wir gleichermaßen die Wahrnehmung der inneren wie der äußeren Welt.

Achtsames Wahrnehmen meint nicht Gefühle beobachten und darüber nachdenken, sondern fühlen und wissen, dass wir fühlen. Denn wenn wir versuchen, nur denkend und beobachtend ein Gefühl zu erfassen, bleiben wir vom körperlichen Dasein getrennt und können die Weisheit des Körpers nicht für uns nutzen. All die wertvollen Signale, die er sendet, verpuffen im Unbewussten und das Gefühlsleben erscheint flach und leblos.

Kleine Weisheitsgeschichte

DIE BAMBUSAKROBATEN

Zu Buddhas Zeiten erzählte man sich diese Geschichte:
Ein alter Akrobat hatte eine junge Schülerin angenommen,
um ihr seine Kunststücke beizubringen.
Gemeinsam wollten sie mit ihren Aufführungen von Dorf zu Dorf ziehen,
um damit ihren Lebensunterhalt zu verdienen.
Vor der ersten öffentlichen Vorführung
gingen sie noch einmal die schwierigsten Abschnitte durch.
Der alte Lehrer sagte zu seiner Schülerin:
»Achte du nur genau darauf, was ich mache.
Ich achte ebenso sehr auf dich. Dann kann nichts schiefgehen
und wir werden uns nicht verletzen.«
»Nein, lieber Meister«, antwortete die junge Frau,
»wir machen es genau umgekehrt:
Jeder achtet am besten auf sich selbst.
Wenn ich mit höchstem Gewahrsein meine Kunststücke vollführe
und du mit höchster Achtsamkeit bei deiner Kunst bist,
dann ist das die beste Garantie dafür, dass uns nichts passiert.
Wenn jeder die volle Verantwortung für sein eigenes Handeln übernimmt,
erweisen wir uns gegenseitig den besten Dienst.«

Das bewusste Empfinden vertiefen

Wie steigt man nun in die Praxis der Achtsamkeit ein? Beginnen Sie mit der aktiven Wahrnehmung körperlicher Empfindungen! Überall wo Druck oder Reibung gespürt wird, kann Achtsamkeit leichter geweckt werden, weil etwas physisch wahrnehmbar ist. Buddha hat zu seinen Schülern gesagt: »Wenn der Mönch steht, weiß er, dass er steht; wenn er geht, weiß er, dass er geht; wenn er sitzt, weiß er, dass er sitzt; wenn er liegt, weiß er, dass er liegt. Wenn er sich von einer Haltung in die andere bewegt, weiß er, dass er seine Haltung gerade verändert.« – Diese Achtsamkeit auf Körperhaltungen ist auch für uns eine gute Einstiegsmöglichkeit, um Achtsamkeit aufzubauen. Vielleicht fragen Sie sich nun, woran Sie eigentlich merken, ob Sie achtsam sind. Bei allem, was Sie aufmerksam erleben, ist ein inneres Gewahrsein vorhanden, das sagt: »Ich weiß, was ich in diesem Moment erlebe.«

Bewusst bleibt Ihnen das, was Sie mit Aufmerksamkeit wahrnehmen und woran Sie sich auch erinnern können. Erfahrungen, die Sie achtsam wahrnehmen, bleiben anders im Gedächtnis. Weil Sie sich besser an sie erinnern können, lassen sie sich besser mit nachfolgenden Erlebnissen vergleichen. Sie können Schlüsse daraus ziehen. Aus Erfahrung zu lernen ist nur mit Achtsamkeit möglich.

Aktives Wahrnehmen

Achtsamkeit ist wie ein Extralicht, das eine Erfahrung ausleuchtet. Üben Sie in jeder Situation, selbst während eines Gesprächs, Ihre Körperhaltung zu spüren, die Bewegung Ihrer Hände, Ihren Gesichtsausdruck, die Berührung der Füße auf dem Boden wahrzunehmen. Nehmen Sie diese Sinneseindrücke wie ein Hintergrundgeräusch zur Kenntnis und beurteilen Sie sie nicht. Achtsames Wahrnehmen heißt einfach: So ist es in diesem Moment. Darin liegen auch eine gewisse Akzeptanz und ein Loslassen. Aktives Wahrnehmen gleicht einem unablässigen Scannen aller Sinneseindrücke, ohne bei ihnen zu verweilen. Sie werden wahrgenommen und gleich wieder losgelassen, denn der nächste Sinneseindruck erscheint schon auf dem Radar. Obwohl es geistige Aktivität voraussetzt, um sich an achtsames Wahrnehmen zu erinnern, ist die Achtsamkeit selbst keine aktive Handlung, denn es liegt keine Bewegung darin, nur ein waches Empfangen.

Achtsamkeit sorgt auch dafür, dass wir uns nicht überanstrengen. Sie erinnert uns daran, gelassen und wohlwollend zu bleiben. Sie sagt: »Meine Liebe, entspann dich, lass die Schultern hängen und beiße die Zähne nicht so fest zusammen.« Achtsamkeit öffnet die Sinne für den gegenwärtigen Moment. Angenommen, Ihnen zieht morgens vor einer Besprechung schon Knoblauchgeruch in die Nase: »Oh, das riecht aber unangenehm intensiv!«, denken sie vielleicht, als die Kollegin hereinkommt. Dank Achtsamkeit bemerken Sie diese Bewertung und Ihnen wird klar, dass Sie im Begriff sind, sich innerlich abzuwenden, obwohl in dieser Situation Ihre geistige Präsenz erforderlich ist. Dank dieser Wahrnehmung erlauben Sie sich etwas mehr Distanz zu dem Geruch. Achtsamkeit ermöglich es Ihnen, die Prioritäten anders zu setzen, weil es vielleicht wichtig ist, heute und jetzt den Umzug der Abteilung ausführlich mit eben dieser Kollegin zu planen. Und das soll schließlich nicht durch Ihren Widerwillen gegen den unangenehm intensiven Geruch infrage gestellt werden. Hätten Sie diese Zusammenhänge nicht erkannt, wäre Ihnen vielleicht ein Fehler unterlaufen, weil Sie aus der Besprechung so rasch wie möglich raus wollten. Oder Sie hätten die Mitarbeiterin zu einem Kollegen geschickt, obwohl gerade Ihre Zusammenarbeit wichtig war.

Achtsamkeit bewirkt Wandel

Im tibetischen Buddhismus gibt es Übungsformen, die Achtsamkeit sogar im Schlaf zu bewahren. Der Achtsamkeit sind keine Grenzen gesetzt. Ihre heilsamen Auswirkungen können gar nicht hoch genug geschätzt werden, denn dort, wo sie wirkt, verändert sich etwas ganz von selbst, ohne unser Dazutun. Achtsamkeit nimmt dem Unbewussten seine Macht. Im Alltag erlebe ich immer wieder, dass ich etwas tue, das ich eigentlich nicht möchte: Mir rutschen Bemerkungen heraus, die anderen wehtun, ich lasse Dinge in der Wohnung herumliegen, die mich tagelang stören. Achtsamkeit sieht die Wiederholung und fragt: »Wozu?« Fordert auf: »Schau genauer hin.« Sagt: »Schon wieder?« Im Zustand der Achtsamkeit ärgere ich mich nicht über mein Verhalten und verurteile mich deshalb nicht. Kein »Ist ja wieder typisch!« oder »Ich bekomme es nie auf die Reihe!«. Ich registriere einfach nur aufmerksam, was ich tue. Die ungünstig wirkenden Impulse, die durch Achtsamkeit freigelegt werden, verpuffen nicht unbedingt beim ersten Mal, aber bei wiederholtem Erkennen. Auf diese Weise erlebe ich alltägliche Abläufe zunehmend bewusster.

Körperempfindungen und Gefühle

Die Räume des Körpers sind begrenzt, sie geben der Unendlichkeit des Geistes ein fest umrissenes Zuhause. Der Köper altert, der Geist ist nicht an Zeit gebunden. Wenn wir einen schwachen Draht zu unseren Gefühlen haben, hilft die Wahrnehmung des Körpers, diese aufzuspüren. Damit mein Freund Johan besseren Zugang zu seinen unbewussten Gefühlen finden kann, übt er sich darin, seine bewusste Wahrnehmung auszudehnen. Er achtet im Alltag mehr auf seine Körperempfindungen, denn all unsere Emotionen werden begleitet von körperlichen Regungen. Anfangs fühlen wir nur den Kloß im Hals, den Druck im Magen, das Zucken in den Augenwinkeln. Bei genauerem Hinspüren gehört auch das Zittern in den Kniekehlen dazu. Wenn die nächste undifferenzierte Gefühlswelle aufsteigt, entdecken wir die Verbindung zwischen dem Kloß im Hals und einem mulmigen Gefühl, wir merken, dass diese beiden Empfindungen stets zusammen auftauchen. Irgendwie ist uns zum Heulen zumute. Ah, da ist ja das Gefühl!

Johan fragt sich jetzt in Situationen, wenn er mit den Emotionen anderer konfrontiert ist: »Was passiert in meinem Körper, wenn jemand ärgerlich auf mich ist? Was empfinde ich, wenn ich im Kino oder Fernsehen Gefühlsausbrüche sehe? Was macht mein Atem, wenn traurige Erinnerungen aufsteigen? Wohin schaue ich, wenn sich vor meinen Augen ein Paar innig küsst? Und was regt sich dabei in meinem Bauch?« Bisher hat Johan wahrscheinlich in seinem Körper die üblichen starken Empfindungen gespürt, die wir alle kennen: die körperliche Erregung beim Sex, die Kopfschmerzen bei einer Erkältung, die Müdigkeit nach reichlichem Essen.

Unangenehme Körperregungen nehmen wir im Alltag leichter wahr als angenehme, weil sie unsere Aufmerksamkeit ganz unvermittelt fordern. Ich habe Johan empfohlen, zusätzlich auf alles im Körper zu achten, was angenehm ist. Den ganzen Tag lang gibt es in dieser Hinsicht viel zu entdecken. Alltägliche Empfindungen scheinen uns so gewohnt, dass wir sie unbedeutend finden und ihnen keine Aufmerksamkeit gönnen. Bei jedem Schritt können wir den Druck unter den Fußsohlen fühlen, das Strecken der Beinmuskeln, das Schwingen des Beckens im Hüftgelenk.

»Achtsamkeit strebt nichts an.
Sie sieht einfach, was bereits da ist.«
Mahathera Gunaratana

Je mehr Aufmerksamkeit wir den Körperempfindungen widmen, umso tiefer verwurzeln wir uns in unserem leiblichen Zuhause – und wir kommen auch unseren Gefühlen auf die Spur. Wir alle erleben uns bewusst, indem wir unseren Körper erfahren. Dieses Erleben verankert uns in der Welt.

Spüren Sie deshalb mit wohlwollender Achtsamkeit die Vielfalt Ihrer körperlichen Empfindungen. Wenn Sie einen ganzen Tag gewandert sind oder viel körperliche Arbeit geleistet haben, entsteht im Geist oft eine friedliche Leere. Die Gedanken schalten ab. Sie können einfach so sein, wie Sie sind. Sie können sich wie ein Baum fühlen, der tief verwurzelt in der Erde ruht, denn unser Körper ist ein Teil der Natur. Es gibt uns ein Gefühl von Sicherheit, mit unserem Körper vertraut zu sein. Wir verstehen dann auch besser, wann etwas zu viel wird und wo wir Grenzen setzen müssen.

Achtsamkeit für schwierige Emotionen

Achtsame Wahrnehmung bereichert unser Leben, und besonders für schwierige Gefühle ist sie unerlässlich. Emotionen können nämlich ohne jeglichen Denkvorgang aus uns herausschießen und Schaden anrichten, der manchmal nicht mehr gutzumachen ist. Jemand fühlt sich vielleicht durch ein Grinsen in seinem Selbstwert angegriffen und schlägt zu. Er lässt sich einfach hinreißen, ohne sich dessen bewusst zu sein. Manche Emotionen wie zum Beispiel Scham oder Wut überschwemmen unseren Körper spontan und blitzschnell. Sie zeigen sich sofort im Verhalten, indem wir erröten oder schneeweiß werden und die Fäuste ballen, noch bevor sie uns überhaupt bewusst geworden sind. Im Handumdrehen befinden wir uns in Verwicklungen, dabei hatten wir noch nicht einmal Zeit, zu realisieren, was wir eigentlich fühlen. Spontane Kränkungen können gewaltsames Verhalten auslösen. Fühlen und Handeln sind dann eins, und es gibt dazwischen keinen Moment von Bewusstheit oder gar Reflexion. Wenn es um lebensrettende Maßnahmen geht, ist solch ein instinktives Verhalten durchaus sinnvoll. Doch im normalen Alltag brauchen wir Wachheit und Kontrolle im Umgang mit Emotionen, um uns nicht gegenseitig zu verletzen. Erst wenn wir verstehen, welches unserer Gefühle zu positivem Verhalten beiträgt und welches zerstörerisches Handeln bewirkt, können wir bewusst entscheiden, wie wir auf eine Kränkung angemessen reagieren.

Körpererfahrungen benennen

Nicht nur das unablässige Erspüren der Körperregungen ist sinnvoll. Wir brauchen auch Begriffe, um dieses Erleben auszudrücken. Das Benennen von Gefühlen ist wichtig, weil Sprache uns bei der Zuordnung und Klärung von unstrukturierten Gefühlen hilft. Durch das Erfassen in Worten werden Gefühle einerseits bewusster, andererseits wird aber auch eine erste Distanz hergestellt. *Das Gefühl hat uns nicht ganz im Griff, wenn wir es benennen können.* Je differenzierter wir die Körperregungen empfinden, die zu unseren Emotionen gehören, umso leichter finden wir auch Worte für unser Erleben. Unser Fühlen, Denken und Tun braucht die Sprache. Erst sie ermöglicht es uns, Erfahrungen zu vergleichen, denn Wörter sind Symbole für unsere Erfahrungen. Mithilfe der Sprache vermitteln wir anderen Menschen – und auch uns selbst –, wie sich unsere eigene kleine Welt zusammensetzt. Wir vergleichen, ob unsere Sicht der Dinge mit dem zusammenpasst, was andere berichten. Finden sie den Film auch ergreifend? Ärgern sie sich über dieselben Politiker? Schmerzt ihnen auch der Rücken bei der Gartenarbeit? Über die Sprache suchen wir den Realitätsabgleich. Geht es anderen wie uns, fühlen wir uns verstanden oder eher fremd mit unseren Reaktionen?

Der innere Zeuge

Durch kontinuierliche Achtsamkeit wächst in unserem Inneren eine beobachtende Instanz, ein innerer Zeuge, der zunehmend genauer Körperempfindungen und Gefühle benennen kann. Für unser Erleben entsteht dadurch eine Art Gefäß, in dem

Übung

EMPFINDUNGEN IN WORTE FASSEN

Je mehr es uns gelingt, anfangs unbewusste Gefühle zu erkennen, zu spüren und für uns selbst zu beschreiben, umso besser wissen wir auch, wie wir angemessen damit umgehen können.

- Ohne sich damit unter Druck zu setzen, benennen Sie hin und wieder Ihre körperlichen Empfindungen. Beispiel: Sie warten auf einen wichtigen Anruf. Sie merken, dass in Ihnen die Spannung wächst. Ihre Bewegungen werden fahrig. Sie laufen ziellos von hier nach dort. Sie benennen innerlich: »Aufregung ... Kribbeln ... mir wird heiß, mir ist ganz schwindelig vor Aufregung.« Oder: »Irgendwie zieht sich alles zusammen ..., mir wird es eng. Vor Angst habe ich Druck an den Schläfen.« Oder: »Ich habe einen unangenehmen Druck auf der Brust. Ich fühle mich hilflos und beiße die Zähne zusammen.« Jede Form der Benennung ist hilfreich. Suchen Sie Worte für Ihre Körperempfindungen, auch wenn sich keine Gefühle daran knüpfen: »Mir ist kalt. Ich habe eine Gänsehaut. Meine Zehen krümmen sich.«
- Graben Sie nicht nach den »richtigen« Worten, nehmen Sie, was Ihnen spontan einfällt, bleiben Sie aber so nah wie nur möglich am tatsächlichen Geschehen, an der Unterscheidung von angenehmer und unangenehmer Empfindung, ohne sie zu interpretieren. Sagen Sie nicht: »Das ist mir unangenehm, weil ...« Fügen Sie der reinen Beschreibung der inneren Wahrnehmung keine Begründung und auch keine Bewertung hinzu, denn das würde Sie von der Empfindung ablenken und die Aufmerksamkeit zu sehr aufs Denken lenken.
- Üben Sie, unterschiedliche Eigenschaften von Gefühlen zu erkennen und in Worte zu fassen: »Dieses Gefühl sticht, brennt, fühlt sich verkrampft an ...« Worte helfen, ein Gefühl zu fassen. Da Gefühle häufig recht vage und ungreifbar in unserem Inneren wabern, können Worte erste Anhaltspunkte vermitteln. Dennoch ist die wichtigste innere Wahrnehmung das körperliche Empfinden – es sollte 95 Prozent unseres Gewahrseins ausmachen, und nur 5 Prozent der Aufmerksamkeit sollte in die Wortfindung gehen.

die Erfahrung gesammelt und aufbewahrt werden kann. Ähnlich wie wir auf das Eingemachte Etiketten kleben, um auch noch ein Jahr später die Birnen von den Senfgurken unterscheiden zu können, so etikettiert und ordnet der innere Zeuge unsere Gefühle. Er sagt zum Beispiel: »Schau mal, diese Erfahrung kennst du schon, sieh doch, wie deine Gedanken rasen, wenn du Angst hast. Aus dieser Angst heraus solltest du besser keine Entscheidungen treffen.« Die Fähigkeit, Gefühlen einen Namen zu geben und sie als innerer Zeuge achtsam zu begleiten, macht die Gefühle fassbarer und nimmt ihnen den bedrohlichen Charakter.

Gefühle und Lebenskraft

Ständig fordern Gefühle uns heraus – sie bestimmen zuweilen, ob wir uns energiegeladen (Verliebtheit) oder ausgelaugt (Trauer) erleben. Wenn etwas in uns Sehnsucht weckt, so kann uns das in Bewegung bringen und uns somit Energie schenken. Wenn uns etwas widerfährt, das uns abstößt, fühlen wir uns blockiert und unserer Energie beraubt. All unsere Gefühlserfahrungen werden im Inneren gespeichert und wirken sich aus auf unser körperliches und seelisches Befinden. Nehmen wir diese Herausforderung als Anlass, innerlich zu wachsen, oder weichen wir vor ihr zurück? In der Begegnung mit all unseren vielfältigen Gefühlserfahrungen fällen wir unbewusst Entscheidungen, die immer darauf hinauslaufen, dass wir entweder vor den aufkeimenden Gefühlen fliehen, sie bekämpfen, sie leugnen, uns in sie hineinsteigern oder sie annehmend akzeptieren (siehe auch Kapitel 4). Um herauszufinden, zu welcher Antwort wir neigen, brauchen wir einen aufmerksamen Umgang mit unseren inneren Erfahrungen. Mithilfe dieses Buches und durch regelmäßiges Üben wird sich im Laufe der Zeit diese innere Aufmerksamkeit zunehmend aufbauen und verfeinern. Sie werden Schritt für Schritt mit Ihren Gefühlen besser umgehen lernen, sodass Sie auch in schwierigen Situationen Gelassenheit bewahren und angemessen reagieren.

Kern-Übung

ACHTSAMES INNEHALTEN

Die Übung im ersten Kapitel hat Sie zum regelmäßigen Innehalten angeregt. Mithilfe dieser Übung soll nun das Innehalten verfeinert werden. Der Ablauf bleibt gleich, doch die Erfahrung vertieft sich durch stete Wiederholung und ergänzende Achtsamkeit.

- Ganz gleich, wo Sie innehalten: Spüren Sie Ihre Fußsohlen. Haben die Füße Kontakt mit dem Boden? Schauen Sie nicht hin, sondern fühlen Sie durch den ganzen Körper und die Beine hindurch bis in die Füße hinein. Das kann anfangs schwierig sein – geben Sie dann zusätzlichen Druck auf die Füße, treten Sie ein paarmal fester auf, um den Boden wirklich gut zu spüren, oder verlagern Sie im Stehen Ihr Körpergewicht mehrfach von einem Bein auf das andere. Dabei fühlen Sie deutlich, wie unterschiedlich das Gewicht an die Füße weitergeleitet wird.
- Entwickeln Sie mit dem regelmäßigen Innehalten einen sicheren Kontakt zu Ihrer Körpermitte.

WIE SIE IHRE MITTE FINDEN

- Legen Sie Ihre Handflächen so auf den Bauch, dass beide Daumen auf dem Bauchnabel ruhen, die Finger übereinanderliegend. Fühlen Sie in den Bauchraum unter Ihren Händen hinein. Ziehen Sie eine innere Verbindungslinie zwischen Kreuzbein und Handflächen – in der Mitte dieser Verbindungslinie finden Sie Ihren Mittelpunkt, Ihren Schwerpunkt, etwa in der Größe eines Tischtennisballs.
- So bauen Sie allmählich achtsames Wahrnehmen auf. Bei jedem Innehalten spüren Sie die Füße und den Körpermittelpunkt. Das gibt Ihnen das Gefühl, mit beiden Beinen sicher und wach auf dem Boden zu stehen. Von hier aus können Sie dann in die Welt hinausfühlen. Diese Art der Erdung (neudeutsch: Grounding) brauchen wir, weil Gefühle uns häufig so aufregen, dass wir vielleicht den Bodenkontakt verlieren. Wenn Sie eine Sicherheit im Stehen und Zentrieren haben, können Gefühle Sie nicht so schnell aus dem Gleichgewicht bringen.

Wie Gedanken die Gefühle formen

Gefühle in Körper und Geist

Nachdem wir im vergangenen Kapitel gesehen haben, dass wir den Gefühlen Empfindungen im Körper zuordnen können, wollen wir nun erkunden, in welchem Verhältnis sie zu unseren Gedanken stehen. Wir werden erfahren, dass Gedanken Gefühle erzeugen können und dass deren Intensität über das Denken beeinflusst wird. Das gilt besonders für das schwierige Gefühl Angst. Außerdem lernen wir den dritten Faktor Forschergeist kennen und wir erweitern das Benennen auch auf die geistigen Prozesse.

Wahrscheinlich haben die meisten von uns schon einmal Ähnliches erfahren: Völlig unerwartet klingelt es an der Tür, eine Freundin steht verstört und weinend vor uns und bittet um Trost. Wir setzen uns zusammen und sie erzählt in allen Details, was sie gerade Schreckliches erlebt hat. An ihrem Gesichtsausdruck erkennen wir, wie sehr sie leidet. Wir hören aufmerksam zu, und es dauert gar nicht lange, da machen wir ein ganz ähnliches Gesicht und fühlen die gleiche Wut oder die gleiche Trauer im Bauch. Wir haben uns anstecken lassen.

Ganze Forschungszweige beschäftigen sich gegenwärtig mit dem Phänomen der Resonanz oder Spiegelung von Emotionen. Es ist spannend, zu erkennen, wie unser Mitfühlen von der Natur eingerichtet wurde. Unwillkürlich zucken wir zusammen, wenn sich jemand die Finger in der Tür klemmt. Und wenn wir erfahren, dass Hilflose unterdrückt oder ausgenutzt werden, versetzen wir uns spontan in ihre Lage und möchten sie unterstützen. Das, was wir sehen und hören, regt in uns Gefühle an.

Geschichten lösen Gefühle aus

Filme, Theaterstücke und Romane lösen durch die erzählte Handlung innere Bewegungen in uns aus. Fasziniert lassen wir uns von der Geschichte und unseren dabei geweckten Gefühlen mitreißen: Je nachdem, wie wir mit den aufgerührten Gefühlen umgehen können, sagen wir dann: »Das war eine interessante Story.« Oder: »Der Film hat mir nicht gefallen – das ist nichts für mich.«

Auch in Familien werden Geschichten wieder und wieder erzählt. »Als unsere Mutter ihre Arbeit verloren hat …, als die kleine Schwester geboren wurde …, als Großvater im Lotto gewonnen hat …« Durch das Erzählen der Familiengeschichte entwickelt sich eine gemeinsame Perspektive auf die Ereignisse, und es wächst ein emotionaler Zusammenhalt, ein Gefühlsraum, in dem wir uns miteinander bewegen – das also, was wir familiäre Gefühle, Nähe, Intimität nennen.

Andere Kulturen, andere Gefühle

Wie wir fühlen, was wir fühlen, welche Prioritäten wir hinsichtlich Erfahrungen und den dazu gehörenden Geschichten setzen – all das sind fein gesponnene kulturelle Fäden, die uns das Gefühl von Zugehörigkeit oder Fremdheit geben. Bei meinen vielen Reisen in andere Kulturkreise bin ich immer wieder auf Tabus gestoßen. Diese werden auch Fremden so deutlich vermittelt, dass kein Zweifel bleibt: Niemals würde ich es wagen, jemandem in Indien die »unreine« linke Hand zur Begrüßung zu reichen oder den Begrüßungstrunk abzulehnen, der in Georgien dem Gast angeboten wird – in beiden Kulturen käme das einer Beleidigung gleich.
Gefühle definieren sich durch individuelle Bewertungsmuster und Prioritäten. *Es gibt deshalb kein allgemein gültiges Maß für Gefühle. Die Geschichte, die ein Gefühl erzählt, kann nicht objektiv richtig oder falsch sein.* Gefühle sind einfach so, wie sie sind, sie möchten stets aus ihrem ureigenen Zusammenhang heraus erklärt und vor dem Hintergrund der persönlichen Geschichte verstanden werden. Wenn Sie sich fragen: »Welche Geschichte erzählt das Gefühl, das mich gerade beschäftigt?«, dann finden Sie einen persönlichen Zugang zu ihm.

Die dritte kostbare Eigenschaft: Forschergeist

Um unser Verständnis von Gefühlen weiter zu vertiefen, aktivieren wir den dritten Erleuchtungsfaktor, den Forschergeist. Wir könnten auch Wahrheitsergründung oder Wissensdurst dazu sagen. Forschergeist will mit eigenen Augen sehen, durch eigenes Erkennen Zusammenhänge verstehen. Dafür wird viel Achtsamkeit benötigt, denn es geht darum, zu erkennen, dass bestimmte Gefühle (zum Beispiel Wertschätzung oder Mitgefühl) sinnvolles Handeln auslösen und andere Gefühle (beispielsweise Aversion oder Böswilligkeit) zu destruktivem Verhalten verleiten. Die Fähigkeit, diese Gefühle zu unterscheiden, wird durch genaueres Hinschauen geschliffen, auch durch Überprüfen und immer wieder neu Erleben. Je früher wir unsere emotionalen Impulse und Absichten bemerken, umso heilsamer verhalten wir uns. Deshalb differenzieren wir mithilfe von Forschergeist, was wir uns für den Umgang mit unseren Gefühlen wünschen, welche wir aufbauen und nähren und welche wir verwandeln möchten.

Die inneren Stimmen unterscheiden

Der Forschergeist möchte die Ursachen verstehen. Er ruft Erfahrungen ins Bewusstsein und zieht sinnvolle Schlüsse daraus. Anleitungen werden nicht einfach übernommen, sie werden kritisch ausprobiert. Auch in Bezug auf die Übungen in diesem Buch fragt der Forschergeist: »Wirkt diese oder jene auf mich positiv? Was kann ich daraus lernen?« Und die Antwort lautet vielleicht: »Ich sollte sie besser dreimal ausprobieren, bevor ich sage: ›Das ist nichts für mich.‹« Oder: »Mit dem Gefühl von Angst habe ich ganz andere Erfahrungen gemacht. Aber es geht hier ja nicht um richtig oder falsch. Meine Erfahrung kann gleichwertig danebenstehen.« Der Forschergeist erkennt auch, wann die Spannung oder die Erregung zu groß ist und wir mehr innere Distanz im Umgang mit einem Gefühl brauchen. Er sagt: »Es tut mir nicht gut, so nah an diese schwierigen Erinnerungen heranzugehen. Es wühlt mich zu sehr auf. Ich mache kleinere Schritte und bestimme die Entfernung, die ich brauche.« Ferner unterscheidet der Forschergeist, worauf es im Umgang mit Gefühlen wirklich ankommt, stellt Fragen und sucht den Kontakt mit anderen Menschen, die ähnliche Interessen verfolgen, die auch aufwachen wollen. Vielleicht gibt es eine Freundin, mit der Sie sich regelmäßig über Ihre »Forschungsergebnisse« austauschen können. Jeder ergründet die Wege zur Verwandlung auf eine andere Weise. Wenn Sie gemeinsam immer wieder das Durchhaltevermögen aktivieren, das Sie brauchen, um Ihre Vorhaben bis zum Ziel zu verfolgen, gewinnen Sie durch die gegenseitige Unterstützung mehr Freude und Inspiration. Um beim Erforschen Ihrer Emotionen die Übersicht

zu behalten, sollten Sie sich nicht zu viel auf einmal vornehmen. Oft kommen Gefühle scheinbar chaotisch daher. Beginnen Sie mit dem, was einfach erscheint, und erforschen Sie Ihre Gefühle erst einmal in Zusammenhängen, die keine Angst machen. Wenn Sie sich von den in Ihnen aufsteigenden Gefühlen zu sehr bedrängt fühlen, erkennt Ihr Forschergeist präzise: »Ich brauche professionelle Hilfe und suche mir daher einen Therapeuten. Ich muss mich nicht quälen im Strudel meiner Gefühle. Es werden bestimmt auch bei anderen schwierige Erinnerungen geweckt. Meine Selbstachtung braucht deshalb nicht zu leiden.«

Das Gefühl nicht im Denken verlieren

Erinnern wir uns noch einmal an meinen alten Freund Johan und seinen Wunsch, Gefühle zu spüren. Er übte, die Aufmerksamkeit wieder und wieder zum Körper hin zu lenken und dessen Empfindungen zu benennen. Ein weiterer Vorteil dieser auf den Körper gerichteten Aufmerksamkeit bestand für Johan darin, sich nicht in Gedanken zu verlieren. Nur allzu leicht alarmiert die Energie, die in Gefühlen steckt, das Denken. Angenommen, Ihr Partner hat wieder keine Zeit, mit Ihnen ins Kino zu gehen, weil er abends häufig länger arbeiten muss und danach lieber noch zum Sport geht. Statt nach dem Telefonat die Traurigkeit über die schleichende Entfremdung und Lieblosigkeit zwischen Ihnen bewusst zu fühlen, verstricken Sie sich in ablenkenden Gedankenschleifen, die gar nicht enden wollen: »Meine Kollegin sah gestern so unglücklich aus … Ob sie wohl wieder Kummer mit ihrer Gallenblase hat? … Sie scheint auch immer dünner zu werden …« Sie sind so sehr mit dem Nachdenken über Ihre Kollegin beschäftigt, dass Ihnen nicht auffällt, wie sehr Ihnen selbst gerade zum Heulen ist. Das eigene Gefühl ist dank der Verschiebung auf die Sorgen über die Kollegin vollkommen in den Hintergrund gerückt, vielleicht sogar gleich wieder ins Unbewusste abgetaucht. *Sorgen sind immer ein Ausdruck dafür, dass zu viel Energie in das Denken fließt und Gefühle nicht genügend Aufmerksamkeit bekommen.* Wenn wir nicht wagen, ein unangenehmes Gefühl zu spüren, kann es unbewusst einen Ausweg im zwanghaften Denken suchen. Dann sorgt man sich, innerer Zweifel breitet sich aus und man fühlt sich verzweifelt, weil die Gedanken nicht zur Ruhe kommen. Statt das unangenehme Gefühl mit dem Forschergeist zu betrachten, suchen wir grübelnd nach Lösungen für andere, sorgen uns um sie, nicht wissend, dass das Grübeln unser eigenes Leiden verbirgt und verstärkt.

Bilder und Gedanken begleiten unsere Gefühle

Je häufiger und regelmäßiger Sie sich Ihren Übungen widmen, umso besser erkennen Sie die Körperempfindungen, die zu Ihrem Gefühl gehören. Nun können Sie sich einer weiteren Herausforderung stellen und beim Innehalten auch auf die nicht körperlichen Komponenten der Emotionen achten: Tauchen Erinnerungen auf? Zukunftsvisionen? Gibt es Bilder, die sich im Zusammenhang mit den Gedanken und körperlichen Empfindungen zeigen? Zu fast jedem Gefühl haben wir Gedanken, die es ausschmücken oder minimieren. Starke Gefühle verursachen einen Strom von Gedanken. Besonders gut beobachten können wir das bei sexuell gefärbtem Verlangen. Manch einer steigert sich durch das Ausmalen von Wunschträumen in Verliebtheit hinein: Wenn wir erst eine eigene Wohnung haben, verheiratet sind, zusammen verreisen können … Bevor es überhaupt zum Kontakt mit dem Begehrten kommt, hat man schon ein ganzes gemeinsames Leben entworfen, und das Herz schlägt bei diesen aufregenden Vorstellungen immer schneller. Entsprechend groß ist die Enttäuschung, wenn der Vorschlag zu einer ersten Verabredung vom »Traumpartner« abgelehnt wird. Die Gedanken stürzen wie ein Kartengebäude zusammen. Nun wird ein Strom von unangenehmen Gedanken ausgelöst, die Gefühle wie Einsamkeit, Verlassensein, Unsicherheit hervorrufen: »Bin ich denn so unattraktiv? Wieso werde immer ich abgewiesen?« Es gibt zweifelnde Gedanken, vergleichende Gedanken. Wie wirken sie auf das Gefühl? *Wenn es uns eines Tages gelingt, die Gedanken loszulassen, werden wir merken, wie schnell sich die Qualität eines Gefühls verändert.*

Gedanken können Gefühle erschaffen

Manche Gedanken wie die Fantasien der Verliebten rufen angenehme Gefühle hervor, andere bewirken ausgesprochen unangenehme Empfindungen. Wenn wir zum Beispiel Erwartungen an uns haben und diese nicht erfüllen, steigen Angst, Ärger oder Enttäuschung in uns auf. Wir stellen in Gedanken endlose kritische Vergleiche mit anderen her, was schmerzt. Angstgefühle werden durch Angstgedanken genährt. Ärger braucht ärgerliches Denken, um zu wachsen. Enttäuschung ist die Folge von zu hohen Erwartungen. Im klugen Umgang mit Gefühlen nehmen wir einfach nur wahr, welche Gefühle von welchen Gedanken begleitet werden. Und wenn wir es schaffen, unangenehme Emotionen nicht mit unangenehmen Gedanken zu verstärken, können wir uns schon auf die Schulter klopfen.

Kern-Übung

BEIM INNEHALTEN DIE GEDANKEN BENENNEN

Auch wenn uns manche körperlichen Empfindungen im Zusammenhang mit Gefühlen schwer fassbar erscheinen – Gedanken sind noch viel flüchtiger und wirken doch unendlich auf unser Leben ein. Es ist also sehr sinnvoll, Zugang zu den eigenen Gedankengebilden zu finden und zu lernen, Gedanken wie Seifenblasen kommen und gehen zu lassen, ohne an ihnen zu haften. Aufbauend auf den Übungen der ersten beiden Kapitel fügen wir nun dem achtsamen Innehalten eine weitere Komponente der Aufmerksamkeit hinzu.

- Zur Erinnerung: Sie pausieren einen Moment und sammeln sich. Nun spüren Sie die Füße auf dem Boden und verankern sich in Ihrer Körpermitte. Diese innere Ausrichtung der Aufmerksamkeit üben Sie täglich bei jedem Innehalten.
- Mit all Ihrem Forschergeist unterscheiden Sie dann zwischen:
  - Empfindungen im Körper und
  - Bewegungen im Geist in Form von Gedanken, Bildern, Erinnerungen, Fantasien, Plänen, Bewertungen, Vorstellungen und so fort.

  Zum Beispiel: innehalten beim Einkaufen. Sie warten an der Kasse. Für einen winzigen Moment schließen Sie die Augen, nur um sich selbst zu erinnern: Ich möchte jetzt nach innen schauen. Dann spüren Sie, wie Sie gerade Ihre Füße belasten, wie aufrecht Ihre Wirbelsäule ist. Sie nehmen eine Hand und legen sie auf die Körpermitte. Nach dieser bewussten Betonung der Körperanwesenheit schauen Sie nun, wie es in Ihrem Geist zugeht. Welche Gedanken beschäftigen Sie? Empfinden Sie Ihren Geist eher als unruhig, verschlossen, müde, heiter, zweifelnd? Gehören zu Ihren Gedanken Gefühle? Um all diese Prozesse zu beschreiben oder auszusprechen, bedarf es normalerweise einiger Minuten – wenn Sie aber an der Kasse stehen, kann schon eine halbe Minute reichen. Die Kurzanleitung lautet:
- Sie spüren beim Innehalten tief in sich hinein und sagen sich: »In diesem Moment habe ich diese körperliche Empfindung und mein Gedanke dabei ist …«

Die Kunst im Umgang mit Gefühlen

Die Kunst im Umgang mit Gefühlen besteht darin, die vielfältigen inneren Reaktionen deutlich zu spüren und dann zu entscheiden, in welcher Form wir sie ausdrücken möchten. Jedes Gefühl ist erst einmal eine ganz individuelle Regung im tiefsten Inneren, die ohne Vorurteile erlebt werden möchte. Wenn wir ein Gefühl von vornherein ablehnen, das heißt, es uns selbst nicht zugestehen, legen wir uns unsichtbare Fesseln an. Verspüren wir zum Beispiel Neid und versuchen, dies sofort zu unterdrücken, wird unsere erste Regung gleich mit einer Gegenregung beantwortet, und es

Übung

MEINE GEFÜHLSGEWOHNHEITEN

Nehmen Sie sich eine halbe Stunde Zeit und legen Sie sich Stift und Papier bereit. Beantworten Sie die folgenden Fragen schriftlich und so ausführlich wie möglich:

- Welches Gefühl ist mir am meisten, welches am wenigsten vertraut? Beschreiben Sie – wenn Sie einen Namen dafür finden – die Gefühle, die in Ihrem Leben häufig und selten vorkommen.
- Waren oder sind bestimmte Gefühle in Ihrer Familie unerwünscht?
- Gibt es ein Gefühl, das Sie gerne häufiger hätten?
- Gibt es ein Gefühl, das Sie gerne weniger oder gar nicht mehr haben möchten?
- Kennen Sie jemanden, der – nach Ihrem Empfinden – einen optimalen Umgang mit solchen Gefühlen pflegt, die Ihnen schwierig erscheinen? Beschreiben Sie, was diese Person gut macht.

baut sich automatisch ein Konflikt auf. Immer wieder sind wir herausgefordert, uns selbst vorurteilsfrei zu erkennen und zu sehen: So fühle ich, das ist meine innere Wahrheit. Nur wenn wir unsere inneren Prozesse wahrnehmen und nicht verdrängen, können wir entscheiden, wie wir uns verhalten möchten.

»Jedes Gefühl hat einen Ursprung
und einen Schlüssel,
der den Zugang öffnen kann.«

Rumi, persischer Dichter

Babys haben noch nicht die Wahl, ob sie ihre Emotionen kommunizieren wollen oder nicht. Gefühl und Ausdruck ist bei ihnen eins. Das Kleinkind spürt aber zunehmend besser, welche Gefühle die Eltern nicht gerne sehen oder worauf sie besonders stark reagieren. So entwickeln sich in jeder Familie Gewohnheiten im Ausdruck und Vermeiden von Gefühlen, die wir gar nicht mehr infrage stellen. Können wir erkennen, welche Muster typisch für das eigene Verhalten sind? Welche Gefühle wir gerne zeigen und welche wir ganz für uns behalten möchten? Wie sehr wir unsere Umwelt beeinflussen mit unseren Stimmungen und Gefühlen? *Freiheit erwächst aus der Fähigkeit, auf Reize nicht mit einem festgelegten Muster zu reagieren.*
Ob bewusst oder unbewusst – unsere Gefühle beeinflussen unser Verhalten. Wenn wir keinen offenen Zugang zu ihnen haben, zeigen sie sich in unerwarteter Weise, oft in irrationalem Handeln. Es kommt dann zu Wut- oder Tränenausbrüchen, die uns peinlich sind und die keiner so recht verstehen kann. Oder wir ziehen uns, in eisiges Schweigen gehüllt, von einem ratlosen Umfeld zurück. Je genauer wir hinschauen, wodurch Gefühlsregungen in uns ausgelöst werden und wie wir sie verstehen können, umso leichter gelingt es, mit deren Auswirkungen umzugehen.

Grundgefühl Angst

Angst ist ein Gefühl, das für viele Menschen unerwünscht und schwierig ist. Ich möchte es mit Ihnen genauer erforschen in dem Wunsch, den »Schlüssel zu finden, der den Zugang öffnet«. Angst in all ihren Facetten, von Unsicherheit über nagenden Selbstzweifel bis hin zu Angststörungen, wird stark von unserem Denken bestimmt. Eine Ausnahme bildet nur die natürliche Angst angesichts einer lebensbedrohlichen Situation, die eine biologische Reaktion ist, weshalb ich sie hier auch außen vor lasse. Generell können wir sagen, dass Angst Ausdruck eines innerlichen Zusammenziehens ist. In ihr tauchen zwei Kräfte auf, die miteinander ringen: Die Vorstellung, wie etwas zu sein hat, trifft auf Erfahrungen oder Überlegungen, die der Vorstellung widersprechen. So bauen sich Druck und Gegendruck auf, und es wird innerlich alarmierend eng. Jugendliche erfahren oft ein Zusammenspiel von Vorfreude und Angst, etwa wenn sie sich aufmachen, ein Jahr im Ausland zur Schule zu gehen. Sie haben die tollsten Vorstellungen, was in dem neuen Land alles möglich ist. Doch kurz vor der Abreise wird ihnen mulmig, und es drängen sich angstvolle Szenarien in den Vordergrund – dass sie sich mit den Gasteltern nicht verstehen, Schwierigkeiten mit der Sprache haben, einsam sind … Jeder von uns erlebt irgendwann ungewohnte Situationen, die Angst machen. Vielleicht ist das bei Ihnen immer vor einer Prüfung oder einer Präsentation der Fall. Sie fürchten die berühmte Leere im Kopf und malen sich aus, wie Sie vor aller Augen versagen – eine gruselige Vorstellung.

Umgang mit Angst

Sie können in solchen Situationen die Angst mildern, wenn Sie für Schutz und Vertrauen sorgen. Erlauben Sie sich, Empfindungen im Körper zu spüren, die zu Ihren Angstvorstellungen gehören. Benennen Sie die Details: Wie fühlt sich die Angst im Mund, in den Armen oder im Bauch an, spüren Sie dabei noch die Füße auf dem Boden? Welche wiederkehrenden Gedanken begleiten diese Körperempfindungen? Versuchen Sie, die bedrohlichen Vorstellungen, die Sie daraus entwickeln, zu stoppen.

Um die Gedanken nicht zu wiederholen, könnten Sie innerlich »Halt!« sagen und dies mit einer Geste unterstreichen, mit dem Fuß aufstampfen oder bewusst einen Schritt zurücktreten, um Distanz zu dem Geschehen herzustellen.
Manchmal gelingt es einem jedoch nicht, die angstvollen Gedanken zu stoppen. In diesem Fall ist es hilfreich, nicht gegen das unangenehme Gefühl anzukämpfen, sondern es zur Kenntnis zu nehmen, zu akzeptieren und sich daran zu erinnern, dass es ebenso vergänglich ist wie alle anderen Gefühle auch. Es hilft schon, sich klarzumachen, dass die meisten Menschen Angst haben, wenn sie vor einer unkalkulierbaren Herausforderung stehen. Das Unbekannte versetzt uns in eine Erregung, gegen die wir uns sträuben, und schon sprießen im Ringen zwischen Aufregung und Kontrolle die Angstgefühle, wobei uns nur selten eine so originelle Lösung aus dem Dilemma wie in der Geschichte von Nasruddin auf Seite 64 gelingt.

Kleine Weisheitsgeschichte

NASRUDDIN SOLL PREDIGEN

Der bekannte Sufi-Narr Nasruddin wurde gebeten, in seiner Heimatmoschee eine Predigt zu halten. Er war sehr unsicher, da er nicht gern öffentlich auftrat, ließ sich aber schließlich überreden, am Freitag eine Ansprache zu halten.
Zur verabredeten Zeit trat er auf die Kanzel und fragte:
»Liebe Gemeinde, wisst ihr, worüber ich heute sprechen werde?«
Die Gläubigen schüttelten den Kopf und riefen: »Nein!«
»Nun, wenn das so ist, dann möchte ich meine Kräfte nicht weiter an eine so unwissende Gemeinde vergeuden«, sagte der Mullah und verschwand gleich wieder.
In der folgenden Woche wurde er überzeugt, es noch einmal zu versuchen.
Er trat auf die Kanzel und fragte: »Liebe Gemeinde, wisst ihr, worüber ich heute sprechen werde?« Die Gläubigen nickten eifrig und riefen: »Ja!«
»Nun, wenn das so ist, dann muss ich euch ja gar nichts weiter erzählen«, sagte der Mullah und verschwand wieder.
Man bekniete ihn, es noch ein drittes Mal zu versuchen.
Nasruddin stellte seine inzwischen allseits bekannte Frage, und diesmal war die Gemeinde vorbereitet. »Liebe Gemeinde, wisst ihr, worüber ich heute sprechen werde?« Die eine Hälfte der Zuhörer nickte, die andere schüttelte verneinend den Kopf.
»Nun, wenn das so ist, kann ja die eine Hälfte, die Bescheid weiß, es der anderen Hälfte, die es nicht weiß, erzählen«, verkündete Nasruddin und beeilte sich, die Kanzel zu verlassen.

Die Angst, sich selbst zu begegnen

In meinen Meditationskursen begegne ich häufig Menschen, die gerne mehr über ihre Gefühle erfahren würden, es gleichzeitig aber nicht wagen, innezuhalten, weil sie sich vor dem scheuen, was im eigenen Inneren auftauchen könnte. Sie fürchten sich, nicht gut genug zu sein, und haben Angst davor, sich selbst zu sehen, wie sie sind. Sie haben gelernt, sich von ihren Schwierigkeiten durch Aktivität abzulenken, und allein der Gedanke an Innehalten macht sie schon kribbelig. Außerdem erscheint es ihnen unmöglich, in ihrem Freundeskreis offen über Gefühle zu reden, da sie fürchten, aus der Gruppe herauszufallen und als Sonderling oder Schwächling dazustehen.

Was fürchten Sie, wenn Sie in Kontakt mit verdrängten Erfahrungen kommen? *Genau genommen ist das Schlimmste, was einem mit Gefühlen passieren kann, sie zu fühlen.* Bedenken Sie, welche Herausforderungen Sie in Ihrem Leben schon bewältigt haben. Gibt es nicht viel schwierigere Situationen, als ein Gefühl zu erleben? Wenn Sie sich das klarmachen, entsteht vielleicht genügend Vertrauen und Mut, dem Unbekannten in sich selbst zu begegnen. Werden Sie von starken Ängsten beherrscht, gibt es keinen Grund, sich diesen allein zu stellen.

Als ich mich Anfang zwanzig auf den Weg der Selbsterforschung machte, wurde ich ohne konkreten Grund von Panikattacken heimgesucht. Intuitiv ahnte ich, dass diese Symptome psychische Ursachen hatten, und begann eine Therapie. Dort lernte ich, mich von Angstgefühlen nicht überschwemmen zu lassen. Ich übte, meine Angst durch die Beine in den Boden abzuleiten, und verstand allmählich auch, dass neben Panikanfällen noch andere Gefühle in mir Platz hatten. Ich erkannte Zusammenhänge mit Kindheitserlebnissen, Muster der Selbstbestrafung, die den Strafen glichen, die mir einst meine Mutter auferlegte. »Was als Kind so schlimm für dich war, musst du doch als Erwachsene nicht fortsetzen«, sagte ich mir. Ich nahm die Impulse zur Selbstbestrafung immer früher wahr, und schaffte es, sie nicht mehr auszuführen. So schwand mit der Zeit die Panik aus meinem Leben.

Noch heute spüre ich starke körperliche Reaktionen, wenn ich mich mit den Gefühlserfahrungen meiner Kindheit auseinandersetze. Ich fühle, wie das Herz rast und wie es im Solarplexus aufgeregt flattert. Doch die Schreckensgefühle von damals können mich nicht mehr mitreißen. Ich nehme sie wahr und weiß, dass sie nur »die Kleine in mir« betreffen, die gehalten wird von der erwachsenen Frau, die sich davon nicht aus der Ruhe bringen lässt. Die Kombination aus Psychotherapie und buddhistischer Praxis hat sich für mich als segensreich erwiesen, um die Wunden der Vergangenheit zu verstehen und zu heilen. In der Psychotherapie reflektieren und bewältigen wir unsere Erfahrungen im Gespräch mit einem anderen Menschen. In den buddhistischen Übungen sind wir selbst unser Gegenüber und lernen, jederzeit ein liebevoller Zeuge unseres eigenen Erlebens zu werden. Auch das bewirkt Heilung.

Übung

ICH SEHE, HÖRE UND FÜHLE

Führen Sie diese Übung einige Male durch, wenn Sie nicht von Angst geplagt sind. Dann können Sie sich in einer angstvollen Situation besser darauf besinnen. Diese Übung können Sie auch im Flugzeug bei Flugangst machen, im Wartezimmer vom Zahnarzt, vor einer Prüfung oder vor einer Operation. Sie hilft Ihnen bei allen Gelegenheiten, die Aufmerksamkeit zu zentrieren und sich im Körper zu verankern. So wird verhindert, dass Sie durch Gedanken weiter die Furcht nähren. Es spricht auch nichts dagegen, die Übung zu wiederholen, wenn Sie das Bedürfnis danach haben. Nehmen Sie sich etwa zwanzig Minuten ungestörte Zeit.

ERSTER DURCHLAUF – DREI SINNESWAHRNEHMUNGEN

- Benennen Sie innerlich in einem Satz, wie Sie sich jetzt im Allgemeinen fühlen. »Mir geht es gut. Ich freue mich auf ein Abendessen mit meiner Freundin.« Oder: »Ich spüre ein wenig Unsicherheit, wenn ich an die Besprechung morgen denke.«

Fortsetzung Übung

- 1 Richten Sie Ihre Aufmerksamkeit auf etwas im Raum, das Sie sehen können, etwa eine Lampe. Benennen Sie diesen Gegenstand im Inneren.
  2 Benennen Sie nun ein Geräusch, das Sie hören können, beispielsweise: »Der Nachbar schließt gerade seine Tür ab.«
  3 Benennen Sie eine Empfindung im Körper, zum Beispiel Wärme im Rücken.

- 1 Richten Sie Ihre Aufmerksamkeit jetzt auf zwei Dinge im Raum, die Sie sehen können – zum Beispiel das Teppichmuster und das Stuhlkissen.
  2 Benennen Sie nun zwei Geräusche, die Sie hören können. »Das Schleudern der Waschmaschine, das Ticken der Küchenuhr.«
  3 Benennen Sie als Letztes zwei Empfindungen im Körper: etwa Kribbeln im linken Unterschenkel, die Berührung von Unter- und Oberlippe oder die Hand auf dem Oberschenkel.

- Machen Sie nun einen Durchlauf mit dem Sehen von drei Dingen im Raum, drei Geräuschen, die Sie hören können, drei Empfindungen im Körper. Wiederholungen sind erlaubt, besser wäre es aber, immer genauer zu werden und mehr Unterschiedliches im Sehen, Hören und Spüren zu erfassen.

- Schließlich folgt noch ein Durchgang mit vier Seh-, Hör- und Fühlerfahrungen, die Sie in diesem Moment wahrnehmen.

ZWEITER DURCHLAUF

- Jetzt geht es rückwärts mit der Zahl der Wahrnehmungen, erst waren es vier, dann sind es jeweils drei Sinnesreize, dann zwei, schließlich ist es nur noch eine Sinneserfahrung in Bezug auf Sehen, Hören und Spüren.

DRITTER DURCHLAUF

- Beginnen Sie wieder von vorn bis hin zu fünf Seherfahrungen, fünf Geräuschen und fünf verschiedenen Empfindungen im Körper.

Angenehme und unangenehme Gefühle

Die innere Haltung zu einem Gefühl

Die ganze Bandbreite von angenehmen und unangenehmen Empfindungen wird erst wirklich spürbar, wenn wir ein Gefühl zulassen können, ohne gleich in eine innere Gegenwehr zu gehen. Wir üben, einen akzeptierenden inneren Behälter für ein Gefühl zu schaffen und unbewusste Reaktionen durch klare Entscheidungen zu ersetzen. Das wiederholte Ausrichten des Geistes auf die inneren Empfindungen fördert die vierte kostbare Eigenschaft Sammlung, und unsere Gefühle werden tiefer, runder und vielfältiger.

Ob wir ein Gefühl für richtig oder falsch halten, es dann leugnen oder davor fliehen, all das sind Mechanismen, die spontan und unbewusst ablaufen und unsere Aufmerksamkeit erfordern. Um Gefühle nicht zu unterdrücken und ihnen auch nicht ausgeliefert zu sein, brauchen wir ein Verständnis der inneren Haltung, die wir zu dem Gefühlsgeschehen einnehmen. Die einfachste Herangehensweise ist, erst einmal angenehme und unangenehme Erfahrungen als solche zu unterscheiden.

Zwischen angenehm und unangenehm unterscheiden

Wenn Sie danach fragen, was als angenehmes oder unangenehmes Gefühl empfunden wird, bekommen Sie so viele unterschiedliche Antworten, wie es Menschen gibt. Vorlieben und Abneigungen sind höchst persönliche Angelegenheiten, die wir auch noch eifrig pflegen. Bei allem, was wir erleben, wissen wir sofort, ob es angenehm oder unangenehm ist. Tausendmal am Tag gibt es diese innere Bewegung zu etwas hin oder von etwas weg – weil wir es mögen oder nicht mögen. Bewertungen, Vorlieben und Abneigungen werden im Laufe des Lebens erlernt und durch Gewohnheiten erhalten und verstärkt. Doch wenn es gelingt, mit Achtsamkeit unsere gewohnten reaktiven Verhaltensweisen zu durchleuchten, können wir auch wieder verlernen und loslassen, was uns nicht guttut.

Unsere Neuronen verbreiten unablässig Informationen über angenehme und unangenehme Reize, die wir gar nicht alle gleichzeitig im Bewusstsein halten können. All diese Informationen sind wie ein ständiges Rauschen im Hintergrund, aus dem nur die Empfindungen herausragen, die deutlich anders und intensiver sind und sich geradezu in den Vordergrund drängen. Kommen dann noch Gedankengebilde hinzu, formiert sich eine bewusste Erfahrung. Manche sind flüchtig, werden kurz zur Kenntnis genommen und ziehen einfach durch uns hindurch. Andere sind so einzigartig, dass wir uns immer wieder in einem bestimmten Reiz-Reaktions-Zusammenhang an sie erinnern. So erinnert uns jeder Hund, der uns über den Weg läuft, bewusst oder unbewusst an den Hund, der uns einmal ganz unvermittelt gebissen hat.

Vorlieben und Abneigungen werden erlernt

Mit Vehemenz verteidigen Jugendliche ihre Geschmacksurteile. In unserer Kultur stabilisieren sie ihr Ich-Empfinden, ihre Einzigartigkeit ebenso wie Zugehörigkeit zu einer Gruppe durch Kleidungsstil oder Sprachgewohnheiten. Wer bei der einen »in« ist, ist häufig gleichzeitig bei einer anderen »out«. Letztlich geht es bei allen Geschmacksfragen um das Gefühl von Zugehörigkeit. Das Bedürfnis nach Nähe zu anderen liegt in unserer menschlichen Natur. Wir sind soziale Wesen. Wir fühlen uns dort zugehörig, wo unsere Ansichten und unsere Vorlieben geteilt werden. Mit unseren Freundinnen möchten wir uns einig sein, was sich angenehm und was sich unangenehm anfühlt. Eine Freundin, die einen vollkommen anderen Geschmack hat, ist schwer zu ertragen. Wenn wir in reifere Lebensphasen kommen, können wir allerdings erkennen, dass auch Menschen mit ganz anderen Ansichten und Vorlieben zauberhafte Freunde sein können. Zu Silvester hatte ich einmal gleichzeitig Besuch von meiner Freundin Yukiko aus Tokio und meiner Freundin Merle aus Trinidad. Wir waren drei kinderlose, eigenständige, erfolgreiche Frauen, die beruflich ständig in fremden Kulturen unterwegs waren. Eine Woche lang sind wir zusammen durch Berlin gezogen und kamen aus dem Lachen nicht mehr heraus: Unsere Unterschiedlichkeit war so gewaltig, dass wir sie nur noch mit Humor nehmen konnten.

Eine bewusste Antwort wählen

Manchmal ist die Art, mit der wir auf einen angenehmen oder unangenehmen Sinnesreiz reagieren, von hoher Intensität, manchmal eher kraftlos. Solange die Reaktion unbewusst erfolgt, haben wir darauf keinen Einfluss. Erst durch inneres Aufwachen können wir bewirken, dass Vorlieben verstärkt oder auch gemildert werden. Buddha lehrt, dass sich Verlangen und Abwehr so lange fortpflanzen, bis es uns gelingt, durch Bewusstheit diese Reaktionskette zu unterbrechen und eine Antwort auf die Gefühlserfahrung zu geben, die nicht mehr von diesen beiden Kräften geprägt ist . Das ganze Streben auf dem buddhistischen Übungsweg geht dahin, die fatalen Wirkungen der Urtriebe Gier (Verlangen) und Hass (Abwehr) – auch Wurzelkräfte oder Wurzelgifte genannt (siehe auch Seite 120) – zu unterbrechen und innere Freiheit zu entwickeln. Da wir die mentalen Fähigkeiten haben, die durch Sinneseindrücke ausgelösten Kräfte in uns zu steuern, können wir auch lernen, Böswilligkeit loszulassen und den guten Willen zu wählen. Durch Achtsamkeitstraining kommen wir den Prozessen auf die Spur, aus denen sich die uns bekannten Gefühle entwickeln.

Die vierte kostbare Eigenschaft: Sammlung

Das klassische ausgleichende Mittel zur allgegenwärtigen Macht von Abwehr und Verlangen ist in der buddhistischen Psychologie die Sammlung, das heißt die Fähigkeit, bei einer Sache zu bleiben und sich nicht laufend von Wollen und Nichtwollen ablenken zu lassen. Sammlung heißt: Ich richte meine Aufmerksamkeit gezielt auf ein bestimmtes inneres Wahrnehmungsobjekt, für das ich mich bewusst entschieden habe und immer wieder neu entscheide. In der Meditation kann zum Beispiel der Atem das gewählte Objekt sein oder ein Mantra, ein innerer Ton, eine Gebetsformel. Sammlung braucht besondere Aufmerksamkeit, zum einen, weil wir so sehr dazu neigen, die Sammlung zu meiden (wir suchen viel eher die Zerstreuung), und zum zweiten, weil Sammlung in allen Lebensbereichen sehr unterstützend und hilfreich wirken kann. *Was wir in der buddhistischen Psychologie Sammlung nennen, heißt bei den meisten Menschen Konzentration.* Dieses Wort verbinden viele mit Anstren-

gung und Sichzusammenreißen. Deshalb benutze ich lieber den Begriff Sammlung, der deutlich macht, dass wir immer wieder all unsere Sinnesempfindungen im gegenwärtigen Moment wachrufen und sammeln müssen, um in die Tiefe einer Erfahrung vorzudringen. Dafür benötigen wir jedoch kein angestrengtes Bemühen, sondern Gelöstheit, Entspannung und innere Ausdehnung.
Sammlung ist eine Form der Zentrierung von Aufmerksamkeit. Statt wie ein Streulicht die Aufmerksamkeit auf alles und jedes im Umfeld zu richten, entscheiden wir uns dafür, unsere Wahrnehmung auf ein bestimmtes Objekt zu richten. Wir schirmen die Aufmerksamkeit ab, das Streulicht wird gebündelt und bekommt dadurch eine andere Intensität. Je mehr wir das Licht verdichten können, umso heller und kräftiger wird es. Die gebündelte Aufmerksamkeit bewirkt Sammlung. Sie entsteht dadurch, dass wir mit Entschiedenheit immer wieder zu dem gewählten Objekt zurückkehren und uns nicht davon ablenken lassen. Je länger wir dabei verweilen können, umso gesammelter (sprich: konzentrierter) sind wir.

Sammlung bewirkt Fortschritt

Die Fähigkeit des Geistes, sich überhaupt zu sammeln und zu konzentrieren, ist ein Himmelsgeschenk. Die Kraft, die daraus erwächst, macht es dem Menschen möglich, sich mit unendlicher Ausdauer einer Aufgabe zu widmen und diese Aufgabe zutiefst zu durchdringen. Ohne innere Sammlung könnte keine Künstlerin, kein Forscher, keine Pilotin, kein Konditormeister arbeiten. Alle Errungenschaften unserer Kultur sind das Ergebnis dieser tiefen, alles durchdringenden Geisteskraft, die sich über Denkgewohnheiten und Vorschriften, über das Vertraute und Erwartete hinwegsetzt und einfach weiter, tiefer geht, sich dem Neuen, Unbekannten hingibt. Um unsere Gefühle besser zu verstehen und zu unserem Besten zu verwandeln, brauchen wir Sammlung, also die Bereitschaft, immer wieder erneut mit ganz viel Achtsamkeit zu einer inneren Empfindung, einer wichtigen Frage zurückzukehren und nicht zu ruhen, bis wir eine befriedigende Antwort gefunden haben.

Stellen Sie sich eine Gruppe kleiner Kinder vor, die am Strand spielen: Ausgelassen laufen sie mal hierhin, mal dorthin, so ähnlich, wie unsere Gedanken im Geist herumschwirren. Dann schlägt jemand vor, eine Sandburg zu bauen, und alle stimmen begeistert zu. Nun buddeln sie nach Herzenslust – es wird Sand bewegt, ein Wall, ein Graben ist zu erkennen. Die Kinder sind so vertieft in ihr Tun, dass sie nicht einmal hören, wie die Eltern rufen. Und auch auf energische Nachfrage, ob sie nicht ein Eis essen wollen, antworten sie mit einem »Nein, wir möchten lieber weiter an der Burg bauen«. Das ist Sammlung, die Fähigkeit, auch bei verlockenden Angeboten nicht von der vor einem liegenden Aufgabe abzulassen.

Abwehr verhindert Sammlung

In der Meditation beschreiben wir Sammlung als einen Prozess, bei dem wir immer wieder möglichst wohlgesinnt zu dem gewählten Meditationsobjekt zurückkehren. *Beim Erforschen der Gefühle entsteht Sammlung durch das regelmäßige Innehalten und Spüren der inneren Empfindungen.* Sammlung baut sich nur auf, wenn wir uns in uns selbst und unserem Umfeld wohlfühlen, denn dann bleibt der Geist viel lieber bei der Sache. Wenn wir von vornherein schon Abwehr verspüren, wird er immer wieder abdriften und Objekte suchen, für die er sich mehr interessiert. So besteht das Lernen im Umgang mit Gefühlen darin, die Abwehr gegen ein Gefühl zu erspüren und abzubauen, denn wie könnten wir sonst eine Tiefe, ein Verständnis von den Dingen erreichen, die uns am Herzen liegen?
Immer wieder gilt es, sich zu fragen: »Könnte ich mich rund um dieses körperliche Gefühl der Abwehr noch etwas mehr entspannen, zum Beispiel die verkrampften Zehen lockern, den festen Kiefer hängen lassen? Und könnte ich aufhören, die dabei auftauchenden, abwehrenden Gedanken dauernd zu wiederholen?« Die wohlwollende, entspannte Haltung gegenüber allen inneren Empfindungen ist die beste Voraussetzung, um bei ihnen verweilen zu können, bis wir auch die Gefühle verstehen, die uns bisher noch rätselhaft erscheinen.

Kern-Übung

ANGENEHM UND UNANGENEHM ERFORSCHEN

Aufbauend auf den bisherigen Übungen des Innehaltens können Sie jetzt die Frage hinzunehmen: Was ist im Moment des Innehaltens angenehm oder unangenehm? Diese Beurteilung lief in den bisherigen Kern-Übungen ganz automatisch ab, denn alle Sinnesreize werden intuitiv bewertet. Nun widmen Sie sich mit all Ihrer Fähigkeit zur inneren Sammlung Ihrer Bewertung. Sie werden entdecken, dass es besonders schwierig ist, die unangenehmen Empfindungen auszuhalten und nicht dem Impuls nachzugeben, sie sofort wieder loswerden zu wollen. Um die angenehmen wie unangenehmen Gefühle besser verstehen zu können, brauchen Sie die Bereitschaft, achtsam bei all Ihren Empfindungen zu verweilen und nicht gleich in eine reaktive Antwort zu flüchten.

- Wieder spüren Sie Ihre Füße auf dem Boden und verankern sich in Ihrer Körpermitte. Sie nehmen achtsam Ihre Körperempfindungen und die dazugehörigen Gedanken wahr und benennen sie.
- Im nächsten Schritt benennen Sie die dazugehörige Bewertung: »In diesem Moment habe ich diese körperliche Empfindung, mein Gedanke dabei ist ..., und ich empfinde dies als angenehm/unangenehm.«
- Nehmen Sie die Bewertung nicht als fest betonierte Tatsache hin. Halten Sie die Lupe der Achtsamkeit über Ihre spontane Beurteilung und fragen Sie sich dann: »Was heißt hier angenehm oder unangenehm? Hat das, was ich als angenehm oder unangenehm bezeichne, Grauwerte, Abstufungen?«
- Sie können weiter unterscheiden: Sprechen Sie in Gedanken Urteile oder Vergleiche aus? Sind die Körperempfindungen von Dauer? Wodurch zeichnet sich das bewertete Gefühl aus? Ist in dem Unangenehmen etwas grässlich und etwas anderes vielleicht ganz okay? Gewöhnen Sie sich an, im Unangenehmen auch das Angenehme zu entdecken und die Schattenseiten des Angenehmen nicht zu verdrängen. Je umfassender Sie Ihre Bewertungen durchschauen, umso leichter treffen Sie eine urteilsfreie Entscheidung.

Innere Haltungen zu den Gefühlen

Bedingt durch die biologische Prägung unserer Sinnesorgane gibt es bei genauem Hinschauen nur fünf Umgangsweisen mit Gefühlen. Wir können:

1. zu dem Gefühl hinstreben
2. vor dem Gefühl flüchten
3. das Gefühl bekämpfen
4. das Gefühl leugnen oder vermeiden
5. das Gefühl akzeptieren

Keine dieser inneren Bewegungen ist grundsätzlich richtig oder falsch. Es sind instinktive Antworten. Lebende Organismen haben das angeborene Bestreben, ihr Überleben und Wachsen zu gewährleisten. Sie zeigen als einfachste Reaktionsformen das Sich-Annähern (1) und das Meiden (2 bis 4). Nur vernunftbegabte Wesen wie der Mensch können die fünfte Verhaltensform – Akzeptanz – entwickeln, die ausführlich im nächsten Kapitel behandelt wird.

Der erste Schritt besteht jedoch darin, überhaupt zu erkennen, ob wir uns angezogen oder abgestoßen fühlen. Wenn wir uns gegen eine Erfahrung auflehnen, sie bekämpfen, sie leugnen oder vor ihr fliehen, befinden wir uns im Widerstandsmodus. Entweder wollen wir den Status quo schützen und wehren uns gegen jegliche Änderung oder wir sind genervt von dem, was jetzt ist, und wollen es anders haben. In jedem Fall lehnen wir uns auf gegen das So-Sein unserer Erfahrung und den Fluss der Ereignisse. Buddha nennt das den »Durst nach Veränderung«.

Wir haben jedoch die Möglichkeit, mithilfe unseres Bewusstseins eine Art inneres »Gefäß« für das Gefühl zu schaffen. Wir können die Gefühlserfahrung quasi umarmen und halten. Wenn das Gefäß unseres Bewusstseins groß und entspannt genug ist, dann können wir die Gefühlsbewegung erkennen und zulassen, noch bevor sie sich nach außen hin zeigt. Wir können unterscheiden, ob wir uns unserem Gefühl annähern möchten oder es lieber meiden wollen, und dann über einen sinnvollen Umgang damit entscheiden.

Erste innere Haltung: zu den Gefühlen hinstreben

Der innere Trieb, der uns drängt, der Anziehungskraft des Angenehmen zu folgen, ist bei jedem Menschen unterschiedlich stark ausgeprägt. Er zeigt sich in seiner milden Form als interessiertes Hingezogensein, wird stärker, wenn er sich Verlangen nennt, und kann schließlich zur Gier ausarten, die kaum noch zu bremsen ist.

Alle fühlenden Wesen möchten angenehme Gefühle haben und leiden unter den unangenehmen. Angenehmen Empfindungen gehen wir entgegen, öffnen uns für sie. Winkt uns irgendwo eine solche Erfahrung, fühlen wir uns instinktiv angezogen. Vom Angenehmen kann man gar nicht genug bekommen. Wir wollen immer mehr davon – jetzt, sofort, ganz schnell soll es gehen. Angenehme Empfindungen, die wir genießen und loslassen können, sind einfach wunderbar. Doch sie werden problematisch, wenn wir verrückt nach ihnen sind, wenn sie uns süchtig machen und uns in einen endlosen Strudel des Begehrens ziehen, dessen Sogkraft so stark ist, dass der Geist erst einmal keine Möglichkeit kennt, es zu bremsen.

»Gefühlsjunkies«, die sich gegenüber den Emotionen anderer nicht abgrenzen können (siehe Seite 31) gehören in diese Kategorie. Anfangs ist es für sie vielleicht wohltuend, mit angenehmen Gefühlen von anderen grenzenlos zu verschmelzen, aber allzu schnell kippt die Situation, und sie fühlen sich fremd und verloren.

Heilsames und unheilsames Verlangen

In der buddhistischen Psychologie unterscheiden wir Leid schaffendes und Leid verminderndes Verlangen. Zu ersterem Verlangen zählen alle Formen der Sucht und Unersättlichkeit, krankhafter Ehrgeiz und Egozentrismus, Angeberei und Prahlsucht.

Heilsames Verlangen dagegen erstrebt weise Selbstentfaltung, Respekt für sich selbst und andere, fürsorgliches Denken, das Entwickeln von Großzügigkeit, Dankbarkeit und Mitgefühl, das Nähren der Herzenskräfte und das Vorankommen auf dem inneren Weg. Auch der Wunsch, etwas für seine körperliche Gesundheit zu tun, ist heilsam. Um unser Verlangen besser im Zaum zu halten, brauchen wir ein Verständnis von Ursache und Wirkung (siehe auch Seite 121), was jedoch nur aus vielfältigen Erfahrungen im Umgang mit dieser Triebkraft gewonnen werden kann.
In seinem Buch »Das weise Herz« formuliert Jack Kornfield: »Es gibt heilsame und unheilsame Wünsche. Lernen Sie den Unterschied kennen und finden Sie inmitten Ihrer Wünsche Frieden.« Wenn wir im Sog des Verlangens unterscheiden können zwischen dem, was uns selbst und anderen Schmerzen zufügt, und dem, was uns und andere zufriedener stimmt, sind wir der Weisheit ein ganzes Stück näher gerückt.

Übung

WIE STARK IST DAS VERLANGEN ?

Kommen Sie Ihrem Verlangen auf die Spur, ohne es negativ zu bewerten.

- Nehmen Sie sich vor, im Verlauf einer Woche jeden Tag mindestens drei- bis fünfmal für sich selbst zu erkennen und zu benennen, wann Sie ein starkes Wollen ergreift.
- Ordnen Sie Ihr Verlangen spontan ein auf einer Skala von eins (schwach) bis zehn (mitreißend stark).
- Fragen Sie sich dann: Führt dieses Begehren zum Wohlergehen für mich und andere?

Zweite innere Haltung: vor Gefühlen flüchten

Die Gegenbewegung zu allen Formen der Hinwendung und zum Verlangen nach angenehmen Gefühlen ist das Fliehen vor unangenehmen Gefühlen. Wir versuchen intuitiv, diesen so gut es geht auszuweichen, und wenden uns ab. Manchmal scheint diese Reaktion stimmig zu sein: Wenn es uns an einem Sommerabend draußen zu kühl wird, ist es richtig, nach drinnen ins Warme zu gehen. Dann wieder wünschen wir uns, trotz einer unangenehmen Empfindung verweilen zu können: Wenn uns ein Vorgesetzter – bewusst oder unbewusst – an einen herrischen Lehrer erinnert, versuchen wir, ihm aus dem Weg zu gehen. Doch es könnte ganz wichtig sein, dass ausgerechnet dieser Chef mehr über unsere Arbeit erfährt. Wenn wir ihm jedoch immer ausweichen, wird er uns und unsere Leistung kaum zur Kenntnis nehmen. Grundsätzlich möchten alle den Kontakt mit dem Unangenehmen vermeiden, es nicht fühlen. Die Haltung, vor einem schwierigen Gefühl zu fliehen, ist mit Unsicherheit und Furcht verbunden. Es scheint einfacher, auf Distanz zu gehen. Der Mut zum Kampf, zur Auseinandersetzung fehlt. Wir ziehen es vor, uns fernzuhalten, uns vielleicht sogar zu verbergen, um nicht gesehen zu werden.

Wenn kein körperliches Entfernen erfolgt, vollziehen wir es in Gedanken oder Worten. »Grässlich, das kann ich nicht ausstehen!« Wir reagieren so oft mit innerem Sich-abgestoßen-Fühlen, dass unser ganzes Leben scheinbar nur ein Hin und Her zwischen Attraktion und Aversion ist. Wenn wir dem Diktat der Triebe in dieser Weise ausgeliefert sind, geht es uns gar nicht gut. Wir kommen uns vor wie der Hamster im Laufrad, gefangen und ohne den Ausweg zu kennen.

An den Punkten, wo wir in der Meditation ebenso wie im Kontakt mit anderen nicht weitermachen, wo wir aufstehen und weggehen wollen, da bieten sich Lernchancen, da müssen wir uns fragen: »Wovor fürchtest du dich? Was kann dir helfen, diese Furcht anzunehmen, mit ihr zu verweilen, statt vor ihr davonzulaufen?« Erst wenn wir – befreit vom Einfluss von Verlangen und Abwehr – entscheiden können, was wir wollen, stellt sich Erleichterung ein.

Übung

WIE VERMEIDE ICH UNANGENEHME GEFÜHLE?

Besorgen Sie sich Stift und Papier und nehmen Sie sich fünfzehn Minuten Zeit zum Nachsinnen. Schreiben Sie immer wieder neu den folgenden Satzanfang und beenden Sie den Satz mit den spontan auftretenden Antworten:

- Ich vermeide unangenehme Gefühle, indem ich … (zum Beispiel: ins Leere starre).
- Ich vermeide unangenehme Gefühle, indem ich … (zum Beispiel: Eis essen gehe).
- Ich vermeide unangenehme Gefühle, indem ich … (…).

Das Unangenehme differenzieren

Wenn wir einem sehr unangenehmen Gefühl begegnen, ist das vergleichbar mit dem ersten Blick in einen unaufgeräumten Nähkasten – man möchte ihn sofort wieder schließen, weil man das Gesuchte ja doch nicht finden kann. Die erste reaktive Antwort auf ein unangenehmes Gefühl lautet: »Weg damit! Das will ich nicht haben.« Wagt man dann, genauer hinzuschauen, kann man Zwischentöne, Grauwerte entdecken. Die Frustration über einen verpassten Termin verleitet uns vielleicht dazu, erst einmal in ein Café zu gehen. Sitzen wir dann beim Kaffee, spüren wir neben der Frustration bereits den Ärger über die Unannehmlichkeiten, die aus dieser »Zeitverschwendung« erfolgen werden, aber uns fällt möglicherweise auch ein, dass um die Ecke der Schlüsseldienst ist, bei dem wir schon seit Wochen ein neues Kellerschloss kaufen wollten. Und weil wir die unangenehme Situation so sinnvoll genutzt haben, sind wir ganz angetan von unserem Krisenmanagement und packen gleich noch eine andere Unannehmlichkeit an, die wir seit Tagen vor uns herschieben. Dabei bemerken wir, dass wir aus der ursprünglichen Frustration über den verpassten Termin nun sogar Kraft schöpfen. Manchmal sind wir im Umgang mit schwierigen Situationen doch stärker, als wir dachten, und stellen überrascht fest: »Ich lasse mich von einem verpassten Termin nicht aus dem Sattel werfen!« Wir können Unangenehmes spüren und dennoch bei der Sache bleiben. Das ist sogar bei einem Gefühl wie Ekel, das ein hohes Maß an Abwehr signalisiert, möglich.

Grundgefühl Ekel

Ekel ist ein besonders unangenehmes Gefühl. Ekelerregend sind Dinge, die wir nicht in unsere alltägliche Welt integrieren können. Ekel zeigt intensive Abwehr an und grenzt aus. Es ist ein Gefühl, vor dem wir nicht so leicht fliehen können, das Aufmerksamkeit fordert und nach Auflösung ruft. Ekel ist eine Mischung aus verschiedensten unangenehmen Gefühlen, die wir abwehren. Oft steht er schützend vor Verletzungen, die wir erfahren haben, vor dem Gefühl von Abwertung und Hilflosigkeit. Schauen Sie genau hin: Welche körperlichen Reaktionen spüren Sie dabei? Festigkeit

im Kiefer? Luft anhalten? Die Hand will sich zur Faust formen? Der Magen dreht sich um? Wenn Sie sich um solche Empfindungen herum entspannen können, löst sich der damit verbundene Druck etwas. Das erlaubt Ihnen, sich zu sammeln und achtsam bei dem Gefühl zu verweilen. Sie können sich fragen: »Was verursacht eigentlich diese Reaktion in mir? War das neulich nicht schon einmal ganz ähnlich? Welche Gemeinsamkeiten sehe ich in den beiden Auslösern?« Wenn Sie genau hinschauen, dem unangenehmen Gefühl Raum geben und mit ihm verweilen können, stellen Sie vielleicht fest, dass vor der Ekelattacke eine deutliche Verletzung stattgefunden hat, die Sie sofort verdrängt haben, weil sie Ihnen vor den anderen peinlich war – und all diese schwierigen Gefühle haben dann in dem Abscheu ein Ventil gefunden.
In Situationen, wo kein anderer betroffen ist, wir also nicht durch ein hilfsbedürftiges Lebewesen dazu gezwungen sind, unsere Empfindung hintanzustellen und den Ekel beiseitezuschieben, sollten wir grundsätzlich innehalten und schauen, was diese Regung in uns zu bedeuten hat. Denn dieses Gefühl möchte uns auf eine persönliche Grenze aufmerksam machen, die wir respektieren sollten.

Dritte innere Haltung: Gefühle bekämpfen

Wie das Wetter so sind auch unsere Gefühle ständig in Bewegung. Mal hagelt es, mal scheint wochenlang die Sonne, dann wieder fegen Winde die Wolken vor uns her. Wenn wir auf ganz anderes Wetter hoffen und zwischen Wunsch und Wirklichkeit ein tiefer Abgrund klafft, regen wir uns auf. Abwehrende Kräfte bilden sich in uns, sobald wir etwas nicht haben wollen, und zwar besonders dann, wenn dadurch Ärger oder Angst ausgelöst wird. Ob wir uns entscheiden, vor dem Unangenehmen zu flüchten oder dagegen zu kämpfen, hängt von der jeweiligen Situation ab. Etwas in uns ruft: »Das will ich nicht haben!« Fühlen wir uns unsicher, ziehen wir uns lieber zurück (siehe ab Seite 89). Schätzen wir unsere Kräfte positiv ein, fordern wir das Unangenehme zum Kampf heraus. Kraft richtet sich gegen Kraft, Impuls und Gegenimpuls ringen miteinander. Bis hierher und nicht weiter! Das ist ein Messen der

Kräfte, und eine Weile halten sich Druck und Gegendruck im Gleichgewicht, bis eine Seite stärker wird, Wut sich sammelt und sich schließlich in Streit oder körperlichen Auseinandersetzungen entlädt.

Den Widerstand respektieren

Widerstand ist nicht generell negativ zu bewerten. Häufig bedarf es, damit wir wachsen, einer Phase des Widerstands, in der sich die Kräfte aufbauen und gruppieren können. Trotziges Nachfragen, energischer Widerspruch oder schlichtes Anzweifeln können wichtige Prozesse in Gang bringen. Es geht wie stets darum, mit wachem Bewusstsein zu schauen, wie sich unsere innere Auflehnung in dieser Situation auswirkt. Welche Folgen hat die Blockade? Ist sie hilfreich oder löst sie Leiden aus? »Ohne Widerstände gibt es keinen Fortschritt«, hat der englische Dichter und Mystiker William Blake festgestellt. Registrieren Sie voller Achtsamkeit Ihre Widerstände. Spüren Sie all den Momenten nach, in denen Sie sich voller Verachtung innerlich abwenden oder sich offensichtlich auflehnen gegen das, was Sie gerade erleben. Sobald Sie im Körper Spannung oder Kontraktion erleben, sobald ein innerer Impuls spürbar wird, der dagegenhält und Verhärtung und Erstarrung bewirkt, sind Sie nicht im akzeptierenden Raum. »Das will ich nicht!« signalisiert Widerstand und ist das Gegenteil von Akzeptanz.

Lösung durch Übertreibung

Es kann hilfreich sein, die innere Auflehnung im Dienste der Selbstwahrnehmung zunächst zu übertreiben. Versteifen Sie sich körperlich, ballen Sie die Fäuste, beißen Sie die Zähne zusammen und rufen Sie innerlich: »Nein! Nicht so!« In der überspitzten Version ist der Widerstand leichter erkennbar. Wenn wir verstehen, was wir auf gar keinen Fall wollen, können wir vielleicht auch den Türspalt entdecken, durch den Licht hereinfällt, und uns dorthin wenden. Sobald sich die Erstarrung löst, können die Dinge wieder ins Fließen kommen. Dafür müssen wir nicht viel tun. Wir nehmen lediglich unseren Widerstand wahr, umarmen ihn liebevoll und sagen uns: »Schau an, da sträubt sich aber etwas kräftig in mir.« Vertrauen Sie mit mir darauf, dass wiederholtes achtsames Wahrnehmen und Akzeptieren allmählich Änderung bringen wird. Carl Rogers, der Begründer der Gesprächspsychotherapie, hat gesagt: »Es ist ein kurioses Paradoxon, dass ich mich verändern kann, wenn ich mich so akzeptiere, wie ich bin.« Die paradoxe Anleitung, den Widerstand in der eigenen inneren Wahrnehmung zu übertreiben, um der Akzeptanz näherzukommen, gründet in dieser Erfahrung. Wir versuchen zu verstehen, woraus der Widerstand seine Kraft bezieht. Wenn er sich in seiner ganzen Macht zeigen darf, ohne dass wir uns gleich gegen ihn wenden, kann er sich auch auf eine natürliche Weise auflösen.

Grundgefühl Ärger

Ärgerliche Gefühle sind durch unsere Vorstellung von dem bestimmt, was wir für rechtmäßig halten, und durch die Geschichte, die wir uns selbst darüber erzählen. Wir werden wütend, weil wir uns ungerecht behandelt fühlen oder weil wir glauben, dass etwas passiert ist, das nicht sein dürfte. Auch wenn wir beobachten, dass andere ungerecht behandelt werden, kann unsere Wut ausgelöst werden.

»Unterdrücke den Zorn nicht.
Aber gib ihm auch nicht nach.«

Chogyam Trungpa

Wut hat ganz viel mit unseren Ansichten zu tun. Und da diese sehr individuell ausgeprägt sind und häufig gar nicht infrage gestellt werden, gibt es unzählige Gründe, ärgerlich zu werden. Für die meisten Menschen ist Ärger ein ziemlich schwieriges Gefühl. Er hat eine feurige Energie, die nach außen drängt. Wenn er leise und nagend ist, gelingt es vielleicht noch, ihn für eine Weile im Zaum zu halten. Wir verkneifen unsere Bemerkungen und halten uns zurück. Manchmal werden wir abgelenkt, und

der Ärger verraucht schnell wieder. Doch Ärger und Frustration können uns auch in Wallung bringen. Wir erzählen allen, warum wir verärgert sind und das berechtigt finden. Wer uns dabei nicht versteht, kann nicht unser Freund sein. Wenn der Ärger zur Wut anwächst und auf Ungerechtigkeit trifft, möchte er sich Gehör verschaffen. »Mir reicht es jetzt!« ist eine typische Aussage. Manchmal finden wir Verständnis, manchmal treffen wir auf Ablehnung oder Leugnung. Wenn wir nicht wach und aufmerksam sind, antworten wir sofort mit einer Gegenreaktion, weil wir unserem Gegenüber die Verletzung heimzahlen wollen. Dann dauert es nicht lange, bis die Auseinandersetzung laut wird, ein Wort das andere ergibt und die Situation eskaliert. Gibt es einen wachen, akzeptierenden Umgang mit Ärger und Wut? Ärger signalisiert Verletzung, er zeigt an, dass etwas über unsere Grenzen geht, und ist so gesehen erst einmal eine gesunde Reaktion. Denn er erinnert uns daran, dass wir aktiv werden müssen, um uns zu schützen. Wenn wir den Ärger herunterschlucken, raubt er uns Kraft und macht uns apathisch. Wenn wir ihn andererseits unbedacht hinauslassen, kommt es zu verletzenden Ausbrüchen, die uns von anderen trennen.

Ein Leser schrieb mir einmal, dass er häufig Wut auf sich selbst verspüre. Ich riet ihm zu überlegen, ob es sein könnte, dass sich seine Wut eigentlich gegen die Ansprüche richtet, die er hinsichtlich Familie und Beruf an sich stellt. Oder ob er eigentlich auf andere wütend ist, sich das aber nicht erlaubt und stattdessen die Wut gegen sich selbst richtet. Egal aus welchen Gründen wir letztlich wütend sind, ob auf uns selbst oder auf andere, entscheidend ist, dass wir erkennen, welch große Kraft in unseren Aggressionen steckt. Wie gehen Sie normalerweise mit Ihrer Wut um? Wenn Sie genau hinschauen, bemerken Sie vielleicht, dass Sie immer ein bisschen die Luft anhalten, wenn Sie wütend werden. Oder reden Sie sich gut zu und spielen Ihre Aggressionen herunter? Manche stecken sich zur Beschwichtigung etwas Süßes in den Mund. Es kann jedoch genauso gut sein, dass Ärger Ihnen ein Gefühl von Stärke vermittelt, denn er lässt Sie klar Ihre Grenzen spüren. Wenn Sie sich selbst leicht verlieren und den Bedürfnissen anderer schnell nachgeben, erhalten Sie durch ihn das notwendige Signal: »Genug jetzt!«

Was auch immer passiert, wenn Ärger aufkeimt – nehmen Sie ihn in allen Details wahr. Achten Sie vor allem auf die gewohnheitsmäßigen Wiederholungen. Welches Muster erkennen Sie? Durch die Übungen in diesem Buch können Sie lernen, so lange mit Ihrer Wut zu verweilen, bis Sie Antworten erhalten. Wenn die Wut sprechen könnte, was würde sie dann sagen? Was würde sie machen, wenn Sie sie gewähren ließen? Schauen Sie sich die Bilder, die dabei in Ihrem Geiste auftauchen, genau und vorurteilsfrei an, und fragen Sie sich dann: »Was braucht mein Zorn, um zu heilen? Wie kann ich ihm Ausdruck verleihen, ohne zusätzliches Leiden zu bewirken?« Vielleicht ließe sich Wut in sinnvolle Handlungen umleiten? So könnten Sie sie mit jedem Schritt in die Erde treten oder bei der Gartenarbeit eingraben oder in den Abwasch stecken. Vielleicht gibt es auch im Sport die Möglichkeit, Wut umzusetzen? Wut braucht viel Raum. Konstruktive Wut ist Lebenskraft.

Wenn wir Wut und Ärger nicht zerstörerisch ausagieren und dadurch Leiden bewirken, können diese Gefühle uns die Fähigkeit schenken, sinnvoll zu handeln. Sie geben uns die Kraft, uns gegen Ungerechtigkeit aufzulehnen und Veränderung einzuleiten.

Übung

ÄRGER ERFORSCHEN

Für diese Übung brauchen Sie etwa 30 bis 45 Minuten Zeit. Nehmen Sie einen Stift und einige Blätter Papier zur Hand und schreiben Sie die erste Frage auf. Dann lassen Sie Ihren Gedanken freien Lauf, notieren Sie Stichworte, Satzbrocken, gerade so, wie es Ihnen einfällt, gerne auch in Ihr Tagebuch.

- Wie hat meine Mutter ihren Ärger ausgedrückt – in Mimik, Gestik oder Verhalten? (Zum Beispiel: Sie hat Geschirr zertrümmert, ihre Nasenspitze wurde weiß.)
- Wodurch habe ich bemerkt, dass mein Vater ärgerlich ist? (Zum Beispiel: Er hat mit den Türen geknallt, ist aus dem Haus gerannt.)
- Wie zeige ich meinen Ärger daheim?
- Wie vermittle ich meinen Ärger am Arbeitsplatz, in der Schule, der Uni?
- Wie würde mein ungefilterter Ärger aussehen?
- Wann wirkt mein Ärger destruktiv?
- Wann wirkt mein Ärger sinnvoll?
- Fallen Ihnen zum Ärger bestimmte Glaubenssätze oder Urteile ein?
- Versuchen Sie, Ihre Beobachtungen nicht zu bewerten. Sie müssen nichts anders machen. Sehen Sie nur: »So gehe ich mit meinem Ärger um. So ist es.«

Die guten Kräfte in der Wut

Ausgehend vom achtsamen Umgang mit Gefühlen können wir Folgendes sagen: Die Wut möchte in ihrer Kraft empfunden, aber nicht zerstörerisch ausagiert werden. Sie braucht einen inneren Behälter: »Ich spüre dich, ich höre dich, ich akzeptiere dich und lasse dich fließen, ich erlaube dir, meine Zellen zu erfüllen, doch ich schicke dich nicht in die Welt hinaus, und ich nähre dich auch nicht mit weiteren Gedankenabläufen. Ich nehme dir nichts weg, und ich füge dir auch nichts hinzu. Ich lasse dich, wie du bist – eine Welle, die aufbraust und abebbt.« Durch achtsame Selbstbeobachtung und Meditation, durch tiefes und stetes Hineinschauen in die Natur des Geistes können wir entdecken, dass wir im Kern unseres Daseins reines Bewusstsein, reine Achtsamkeit sind. Im tibetischen Buddhismus wird diese reine Wesensquelle Buddha-Natur oder der erwachte Geist genannt. Unsere Aufgabe ist es, diese ewige Quelle in uns wieder freizulegen, von den unendlich vielen Konflikten unseres Daseins zu reinigen und zur ursprünglichen Weisheit zurückzufinden.

Vierte innere Haltung: Gefühle leugnen

Wenn wir nicht wissen, wie wir mit einem unangenehmen Gefühl angemessen umgehen sollen, wenn wir weder fliehen möchten noch die Kraft zur Auflehnung haben, scheint es am besten, das Unangenehme gar nicht wahrzunehmen. Äußerlich bewegen wir uns nicht, wir sind da, hören zu. Innerlich wenden wir uns jedoch ab, verschließen uns gegen das, was nicht sein darf.

Das Leugnen ist eine Geisteskraft mit fatalen Auswirkungen, denn viele beherrschen diesen Mechanismus so perfekt, dass sie nicht mehr erkennen können, wann das Leugnen einsetzt. Ehepartner kennen zuweilen diese Reaktionen, wenn sie sich gegenseitig mit unangenehmen Dingen konfrontieren. Da beginnt einer von beiden plötzlich zwanghaft zu gähnen oder schläft einfach ein. Oder er vergisst, was er vor zwei Stunden gesagt hat, weil er sich lieber nicht daran erinnern möchte. Auch der Versuch, die Ereignisse schönzureden, ist eine Form der Leugnung. Menschen, die sich dieser Abwehrhaltung nicht bewusst sind, kommen gerne zu spät. Sie vergessen, was sie nicht wahrhaben wollen. Leugnen, Verdrängen und Abspalten von Bewusstseinsinhalten – das sind Verhaltensweisen, die Menschen entwickeln, wenn sie mit Gefühlen nicht zurechtkommen und sich nicht stark genug für eine direkte Auseinandersetzung fühlen. Dabei vergessen sie auch, dass permanentes Unterdrücken von Gefühlen ihre Vitalität und ihr persönliches Wachstum einschränkt.

Der innere Kritiker

Wenn wir unsere inneren Prozesse genauer betrachten, bemerken wir, dass es bei allem, was wir tun, eine innere Stimme gibt, die definiert, ob das Geschehen passt (angenehm ist) oder nicht passt (unangenehm ist). Ob wir etwas so oder so empfinden, hängt zu einem hohen Prozentsatz von unserer eigenen Einschätzung ab. Es gibt unterschiedliche Instanzen, die dabei in uns um die Vormacht kämpfen. Auf Seite 46 habe ich schon den inneren Zeugen erwähnt, der im besten Fall mit wohlwollendem Gewahrsein und unaufgeregt auf unser eigenes Verhalten schaut. Bei sehr vielen Menschen wird dieser liebevolle Zeuge leider überstimmt von einem dominanten inneren Kritiker, der maßgeblich über unsere Einstellung zu einem Gefühl entscheidet. Ob wir kämpfen, flüchten oder leugnen – er hat stets ein Wörtchen mitzureden. Immerzu überwacht und beurteilt er uns. »Du bist heute aber reichlich faul«, bemängelt er und kritisiert, dass andere unter den gleichen Umständen viel mehr leisten würden. Er wertet und vergleicht in einer Weise, bei der wir immer schlecht abschneiden. Darunter leidet unser Selbstwertgefühl erheblich, fühlt sich eingeschüchtert und kraftlos. Wie soll man inneren Frieden finden, solange dieser innere Nörgler die Oberhand hat? Wie soll man sich seinen schwierigen Gefühlen stellen, sie wahrnehmen, wenn er uns gar so wenig zutraut?

Urteile aus der Vergangenheit verdunkeln die Gegenwart

Von frühester Kindheit an haben wir die Maßstäbe unserer Eltern, die Werte unserer Klassenkameraden und später die der Berufskollegen verinnerlicht. Der eine wird zum Drückeberger gestempelt, der andere zum Streber. Übernehmen wir diese Bilder? Scheinen sie uns selbstverständlich? Verbote, Regeln, Vorlieben von anderen umgeben uns wie ungeschriebene Gesetze und werden fortan von unserem inneren Kritiker mit Nachdruck verkündet: »Gott, was bist du für ein Dussel, dass du deine

Wärmflasche vergessen hast. Da wirst du wohl von dieser Reise wieder mit einer Grippe heimkehren.« »Was du heute Morgen deinen Kollegen erzählt hast, hätte ja nicht peinlicher sein können. Das darf dir aber nicht noch einmal passieren!« Wann immer wir nicht unseren eigenen überhöhten Erwartungen entsprechen, fühlen wir Scham, Unsicherheit, Traurigkeit, Verzweiflung. Ansprüche, mit denen wir uns traktieren, Urteile, die wir über uns aussprechen, wirken innerlich wie Giftpfeile, wie Angriffe auf das Selbst. Sie schwächen uns, weil wir der negativen Selbstbewertung Glauben schenken. Wir erleben etwas (Wärmflasche vergessen), ordnen es unseren Erwartungen entsprechend ein (als Ausdruck unserer Unzulänglichkeit) und drehen uns dann selbst einen Strick daraus (nun wirst du krank werden).
In seiner Autobiografie hat der chinesische Weltklassepianist Lang Lang geschildert, wie fixiert er darauf war, in Wettbewerben zu gewinnen. War er als einer der wenigen, die unter Hunderten von Bewerbern überhaupt zu einer Prüfung zugelassen wurden, am Ende nur Zweitbester, grämte er sich tagelang. Er erwartete einfach von sich, immer und in jeder Hinsicht die Nummer eins zu sein. Nummer zwei bedeutete für ihn, zu versagen. Ähnlich – wenn auch nicht ganz so krass – machen wir es, wenn wir unsere Erwartungen unrealistisch definieren, denn dann können wir nur versagen und uns hinterher elend fühlen. Warum gehen wir so hart mit uns selbst um?

Achtsam auf den Dialog mit sich selbst hören

Wenn wir nicht aufmerksam hören, mit welchen inneren Stimmen wir zu uns selbst sprechen, dann verharren wir in den Gewohnheiten, die wir aus der Vergangenheit kennen. So wie wir von unseren Eltern und Lehrern beurteilt wurden, blicken wir nun auf uns selbst. Und es sind häufig wenig liebevolle Stimmen, die uns aus der Kindheit in Erinnerung geblieben sind. Jeder von uns haftet an gewissen Selbstbildern. Negative Selbsturteile sind Ausdruck unserer mangelnden Selbstliebe. Wir bemerken sie viel deutlicher als angenehme Selbsteinschätzungen, weil sie mehr Aufmerksamkeit erwecken. Prüfen Sie genau, ob die Vorstellungen, die Sie von sich haben, unterstützend wirken. Wenn Sie kein zufriedenes Verweilen kennen, wenn Entspannung für Sie ein Fremdwort ist, liegt die Vermutung nahe, dass Sie dauernd in Aktion sein müssen, um mit sich selbst einverstanden zu sein. So wird man vom eigenen Denken bis zur Erschöpfung angetrieben.

Nur wenn uns deutlich wird – durch das achtsame Wahrnehmen –, wie schmerzhaft dieses dauernde Verurteiltwerden im Inneren wirkt, können wir damit beginnen, ausgleichend zu denken, und auch der positiven Stimme Gewicht verleihen. Diese Stimme sagt: »Nimm dich selbst an, so wie du bist. Gerade dann, wenn du es scheinbar am wenigsten verdienst, brauchst du am meisten Zuneigung. Sieh stets deine beiden Seiten.«

Angenehme Bewertungen neben unangenehme stellen

Wenn Sie eine unangenehme innere Bewertung bemerken, können Sie einfach sofort als Ausgleich eine angenehme Empfindung, die Sie zur gleichen Zeit erleben, danebenstellen – also bewusst etwas Wohltuendes spüren, einen angenehmen Sinneseindruck hervorheben, nicht eine fabrizierte Idee von etwas Gutem. Das hieße im oben genannten Beispiel: »Gott, was bin ich für ein Dussel, dass ich meine Wärmflasche vergessen habe. Dabei weiß ich doch, dass ich auf Reisen so oft friere.« Der angenehme Gedanke, den Sie danebenstellen: »Gerade fühle ich mich sehr wohl in meinem warmen Pullover. Ich habe wirklich klug gepackt, denn diesmal war die Reisetasche völlig ausreichend.« Oder: »Also, was ich heute Morgen den Kollegen erzählt habe, hätte ja nicht peinlicher sein können. Das darf mir aber nicht noch einmal passieren.« Und daneben: »Ich kann noch genau spüren, wie wohltuend es für mich war, dass Frau Müller mich so mitfühlend angeschaut hat – ich glaube, sie hat verstanden, was ich eigentlich sagen wollte.«

Achten Sie darauf, auf die negative Bewertung – die dem verurteilenden Denken entspringt – nicht mit einer positiven Bewertung zu antworten – die ebenfalls dem Denken entspringt. Richten Sie Ihre Wahrnehmung lieber auf eine aktuell angenehme körperliche Empfindung. Damit ziehen Sie die Aufmerksamkeit vom bewertenden Denken ab. Dort gibt es nämlich keine Lösung. Es kommt auf das Fühlen an.

Der innere Richter zementiert das Ich-Gefühl

Über das Verstehen und Ausgleichen unserer Selbsteinschätzungen können wir allmählich dahin kommen, dem Ich nicht mehr so viel Gewicht zu geben. Wenn wir die Aufmerksamkeit mehr zu den Herzensbedürfnissen hinlenken, verliert die Idealvorstellung an Bedeutung. Wir achten mehr auf das, was sich gut und stimmig anfühlt, als darauf, wie es sein sollte. Das »Ich will« verdünnt sich, und das Forschen nach den angenehmen Körperempfindungen hat an dieser Stelle sehr sinnvolle Auswirkungen. Denn nur unser Körpergefühl kann uns sagen, ob wir uns im Einklang mit dem innersten Selbst, mit den Herzensbedürfnissen befinden.

Emotionale Reaktionsketten unterbrechen

Die ersten vier Haltungen zu einem Gefühl, die wir nun ausführlicher betrachtet haben, sind alle Ausdruck einer inneren Unbewusstheit, einer spontanen Gefühlsreaktion. Mit der fünften Haltung, der Akzeptanz, kommt eine Bewusstheit zum Tragen, die innere Freiheit schenkt. Schauen wir den Prozess der emotionalen Verwandlung an, den wir bisher durchlaufen haben, so bestand der erste Schritt im Aufbau von Achtsamkeit. In den Kapiteln eins bis drei haben wir zudem gelernt, Gefühle zu erkennen und zu benennen. Im diesem vierten Kapitel ging es darum, eine innere Wachheit für die Reaktionsmuster zu entwickeln, mit denen wir auf Gefühle antworten. Wir haben das Gewahrsein von Gefühlen um das Bewusstsein erweitert, welche innere Haltung wir zu ihnen einnehmen. Und wir verstehen allmählich die Bedeutung von ausgleichendem Verhalten, weil wir uns nicht mehr auf eine einzig richtige Sichtweise der inneren Erfahrung festlegen. Mit der Akzeptanz kommen wir noch konsequenter im gegenwärtigen Moment an. Wir stellen uns der Wirklichkeit. Diese Haltung wird im kommenden Kapitel ausführlich beleuchtet. Im Transformationsprozess der Gefühle bedingt Akzeptanz auch das Loslassen der Identifikation, des inneren Angewiesenseins auf das »Es muss so sein, wie ich es will«.

Entspannte Akzeptanz üben

Innere Widerstände auflösen

Um unsere ablehnende Haltung zu überwinden und einen gelassen-akzeptierenden Umgang mit Gefühlen zu erreichen, können wir eine Reihe von Fähigkeiten entwickeln, die uns helfen, mit unseren Emotionen in einen guten inneren Fluss zu kommen. In diesem Kapitel geht es darum, wie wir unsere Gefühlswahrnehmung so verfeinern und differenzieren, dass wir so frei wie möglich von Gewohnheitsmustern handeln und schließlich einen inneren Raum erschaffen, in dem wir auch mit schwierigen Gefühlen entspannt verweilen können.

Keine Frage: Wir alle haben Seiten, die wir nicht leiden können und am liebsten wegzaubern würden. Also entwickeln wir ein Repertoire an Verhaltensstrategien, um dem, was wir fürchten, oder dem, was uns schmerzt, zu entkommen. Mal lehnen wir uns auf, mal flüchten und mal leugnen wir. Immer bestimmt der Eindruck, etwas nicht haben zu wollen, unsere Antworten. Nur mit der fünften Haltung, dem akzeptierenden Annehmen, haben wir die innere Freiheit, unsere Antwort zu wählen. Statt uns abzuwenden, gehen wir mit Akzeptanz auf die Erfahrung ein, versuchen, sie zu ergründen und eine intime Nähe zu ihr herzustellen.
Ich verstehe meine Gefühle als eine Sprache ohne Worte, eine spontane Spiegelung von Ereignissen in meinem Leben, die ich oft gar nicht bewusst mitbekommen habe. Häufig zeigt sich ein Gefühl schneller, als ich denken kann – dann liegt es an mir, das Gefühl bewusst aufzunehmen und ihm Gehör zu schenken. Um es zu verstehen, muss ich es erst einmal so annehmen, wie es sich zeigt.

Antwort und Reaktion unterscheiden

Wenn wir auf eine Erfahrung reagieren, handeln wir ohne weiteres Nachdenken, ohne Achtsamkeit. Reaktionen haben etwas Reflexhaftes, Unüberlegtes. Wir gewinnen einen Eindruck, und im selben Moment handeln wir auch schon. Wir spüren »heiß« und ziehen den Finger weg. Wir sehen den Schuh auf uns zufliegen und ducken uns. In den beschriebenen Situationen kann das durchaus hilfreich sein. Manchmal werden mit der Reaktion jedoch sinnvollere Antwortmöglichkeiten unterdrückt, beispielsweise wenn ein Kind nach Keksen greift und die Mutter »Nein!« ruft, bevor sie überhaupt bedacht hat, dass es im Augenblick gar keinen Grund gibt, ihm diesen Wunsch zu verwehren. Ganz viele Reaktionen im Alltag haben nichts mit Notwendigkeit zu tun – im Gegenteil. Sie sind das Ergebnis von eingeschliffenen Gewohnheiten. Wir lesen eine Schlagzeile, die uns trifft, sofort kaufen wir die Zeitung.

In der Kantine riecht es nach einem Essen, das wir nicht mögen, und schon kehren wir auf dem Absatz um und gehen wieder in die Bäckerei, obwohl wir mit der Salatplatte in der Kantine besser bedient wären. Wenn wir zwischen Wahrnehmung und Reaktion eine Pause einlegen könnten, in der es möglich ist, zu überlegen, würden wir uns sagen: »Ich weiß, diesen Geruch von Königsberger Klopsen magst du nicht, doch du könntest an dieser Stelle wirklich gut üben, deine innere Auflehnung loszulassen, dich entspannen und einfach die Salatplatte essen, die angeboten wird.«
Wenn Sie das dann wirklich umsetzen, haben Sie eine neue, sinnvolle Antwort gefunden, statt der Reaktion auf den unangenehmen Geruch nachzugeben. Sie haben sich nicht von Gewohnheiten verleiten lassen, sondern freies Handeln gewählt.
Neue Antworten finden wir aber nur bei geduldigem Nachprüfen. Das erfordert Energieeinsatz und ist auch unbequem. Deshalb mögen es viele Menschen lieber, wenn ihnen jemand sagt, was sie tun sollen: Ein Rabbi lehrte seine Schüler, stets die Antwort in sich selbst zu suchen, doch ständig kamen sie mit endlosen Fragen zu ihm. Schließlich stellte er ein Schild auf: Ich beantworte ab sofort zwei Fragen für hundert Dollar. Nach einigem Zögern dachte sich ein reicher Schüler zwei wichtige Fragen aus, bezahlte hundert Dollar und fragte dann: »Ist dein Honorar nicht ein bisschen hoch, das du jetzt plötzlich für zwei Fragen verlangst?« Der Rabbi antwortete: »Da hast du recht! Und wie lautet deine zweite Frage?«

Reaktionen bewusst registrieren

Sich seiner Reaktionen bewusst zu werden ist eine sehr fruchtbare Übung. Mich erinnert das an den Versuch, im Dunkeln den Schlüssel in ein Sicherheitsschloss zu stecken. Man muss mit vorsichtigen Bewegungen sehr genau ertasten, wie die Mechanik funktioniert. Wenn man geduldig und präzise vorgeht, gleitet der Schlüssel plötzlich in das Schloss, und die Tür geht auf. So kann es uns ergehen, wenn wir durch Aufmerksamkeit unseren Reaktionen auf die Spur kommen und Freiheiten entdecken, von denen wir vorher gar nicht wussten, dass sie für uns existieren.

Übung

DREI SCHRITTE IM UMGANG MIT REAKTIONEN

Diese Übung möchte Sie darin unterstützen, sich mit Ihren Reaktionsmustern vertraut zu machen. Da Reaktionen meist schon erfolgt sind, bevor wir sie überhaupt bemerken, brauchen Sie hier besonders viel Geduld und Forschergeist. Wenn Sie diese Übung mehrfach ausprobiert haben, wird sie sich Ihnen allmählich erschließen, und eines Tages gelingt es Ihnen innezuhalten, bevor Sie handeln.

- **Im ersten Schritt** grenzen Sie das Feld Ihrer Aufmerksamkeit ein. Nehmen Sie sich zum Beispiel vor, während eines bestimmten Tagesabschnitts nach Reaktionen Ausschau zu halten, ohne diese zu bewerten. Finden Sie heraus, wo Sie aus Gewohnheit auf eine angenehme oder unangenehme Erfahrung blitzschnell reagieren. Beispiel: Sie erhalten eine patzige Antwort und knallen daraufhin die Tür zu. Oder: Sie fühlen sich gekränkt und Sie verstummen und ziehen sich zurück. Oder: Etwas ängstigt Sie, und Sie malen sich im Geist die unangenehme Situation weiter aus. Benennen Sie für sich selbst: »Das ist meine Erfahrung, das ist meine reaktive Antwort darauf.«
- **Zweiter Schritt:** Wenn Sie das lange genug geübt haben, prüfen Sie, ob Sie im Anschluss an eine nach außen gerichtete Reaktion eine kurze Achtsamkeitspause einlegen können. Vielleicht gelingt es mit der Zeit, die Pause vor die äußere Reaktion zu schalten und innerlich abzuwarten.
- **Dritter Schritt:** Sobald Ihnen das gelingt, können Sie über Handlungsalternativen nachdenken, die Sie in der gegebenen Situation für möglich halten, und dann die Antwort wählen, die Ihren eigenen Prioritäten entspricht. Das heißt, anstatt die Tür zuzuknallen und sich Ihre Laune von patzigen Antworten verderben zu lassen, lassen Sie den Ärger einfach durch sich hindurchziehen und schicken ihn mit dem Ausatmen davon. Statt sich nach einer Kränkung zurückzuziehen, bitten Sie um ein Gespräch zu einem günstigen Zeitpunkt. Und da ängstliche Gedanken Ihnen nicht weiterhelfen, stellen Sie sich lieber vor, wie das Vorhaben glückt, das Sie voller Unsicherheit erwarten.

Fünfte innere Haltung: Gefühle akzeptieren

Wenn wir in einer klugen, nicht reaktiven Weise mit unseren Gefühlen umgehen möchten, brauchen wir dafür viel inneren Raum, der uns erlaubt, erst einmal ganz unvoreingenommen einem Gefühl zu begegnen. Statt sofort in den inneren Widerstand zu gehen, warten wir ab und schenken der Empfindung im Körper alle Aufmerksamkeit. Raum geben zu können ist eine Facette der Akzeptanz. Aus dieser wunderbaren Kraft heraus erwächst oft eine Lösung, die wir vorher gar nicht sehen konnten, die nicht erdacht wird, sondern intuitiv aufsteigt. Wenn wir innehalten, bevor wir reagieren, lockern wir die Bindung und Enge, die durch unsere Bewertungen und die darauf folgenden Reaktionen entstehen. So lässt sich auch leichter ein erster Abstand zu schwierigen Gefühlen herstellen.

Sie werden vielleicht sagen: »Das ist leichter geschrieben als getan.« Damit haben Sie natürlich recht. Um mit einer inneren Empfindung in Ruhe verweilen zu können, ohne sie zu bewerten, ist viel, viel Übung nötig und die Bereitschaft, die eigenen Urteile nicht auch noch zu beurteilen. Wie können wir im Gleichgewicht bleiben, wenn unsere Gefühle so stark und mitreißend wirken? Wenn sich Bewertung an Bewertung reiht? Es geschieht ja alles so blitzschnell, dass wir es kaum bemerken.

Bewusst innehalten

Viele spirituelle Übungswege vermitteln uns, wie wir Erfahrung ohne Bewertung üben können. Im Buddhismus sprechen wir vom bewussten Innehalten. Erst einmal schauen, was sich zeigen möchte. *Wir versuchen, einen Schuh in die Tür zu schieben, die zwischen Reiz und Reaktion sonst sofort zuklappt.* Das bedeutet, dass wir die Erfahrung an uns heranlassen, der Wirklichkeit begegnen, ohne sie sogleich einzuordnen und mit Gedanken und Vorstellungen zu belegen.

Als ich einmal nach einem langen Tag spätabends müde heimkehrte, rief ich vor dem Schlafengehen noch meine E-Mails ab. Eine der Mitteilungen bewirkte sofort eine Reaktion in mir. Ich spürte es rechtzeitig und sagte mir: »Nun schlaf erst einmal eine

Nacht darüber, bevor du antwortest.« Doch ich war innerlich so aufgewühlt, dass ich dennoch schnell drei Antwortsätze tippte und sofort abschickte. Zwei Tage später, als sich die ganze Angelegenheit geklärt hatte, wurde sehr deutlich: Hätte ich mit meiner Reaktion einfach gewartet, wäre die Sache reibungsloser verlaufen. Bei Tageslicht, in ausgeruhtem Zustand, interpretierte ich die nächtliche E-Mail völlig anders. Unsere persönlichen Bewertungen machen uns häufig das Leben schwer. Sie engen uns ein, lassen uns keinen Handlungsspielraum. Wenn wir jede Erfahrung sogleich in eine Schublade packen (mag ich – mag ich nicht – kann man sofort vergessen), dann verlieren wir viel leichter das innere Gleichgewicht.

»Genauern«

Je mehr Aufmerksamkeit wir den Gefühlen widmen, umso differenzierter erschließen sie sich uns. Im Ablauf eines Tages können wir immer wieder Möglichkeiten finden, unsere Gefühle zu präzisieren. Gene Gendlin, der Begründer der Focusing-Methode, spricht vom »Genauern«. Das ist ein schönes Wort für die innere Übung. Wer sich beispielsweise mit Vogelstimmen nicht auskennt, kann gerade mal sagen: »Da singt ein Vogel.« Bei genauerem Hinhören lassen sich jedoch schon Spatz und Kuckuck recht einfach unterscheiden. Wächst das Interesse weiter, genauert sich das Gehör. Das Tschilpen der Spatzen, der Gesang der Amseln, das Krächzen von Raben, der Ruf eines Raubvogels unterscheiden sich klar voneinander.
So ist es auch mit den Gefühlen. Was zunächst wie ein schwammiges Einerlei im Inneren erscheint, lässt sich durch Genauern in allen Facetten wahrnehmen. Wir können zwischen Körperempfindungen und Gedanken unterscheiden. Wir erkennen, dass sich Letztere zu Gedankenketten aufbauen, und wir sehen, wohin diese Gedankengebilde führen, welche Geschichten wir daraus spinnen, wie viel Leid sie uns und anderen bringen. Diese Wahrnehmung eröffnet die Möglichkeit, die Aufmerksamkeit auf andere Inhalte zu lenken. So werden Leid bringende Gefühle nicht mehr durch unachtsamen Umgang damit verstärkt.

Wie üben wir Genauern?

Nicht überall gibt es die Möglichkeit, die Augen zu schließen, um den eigenen Innenraum genauer zu erfahren. Sind Sie mit anderen Menschen zusammen, dann wenden Sie sich für ein paar Atemzüge bewusst von Ihrer Umgebung ab. Schauen Sie aus dem Fenster, in den Himmel und fühlen Sie dabei tief in sich selbst, in den eigenen Körper hinein. Was bewegt sich in Ihnen? Ein Grummeln, eine Bitterkeit, ein Hoffnungsschimmer? Wie können Sie die inneren Regungen noch genauer erfassen? Welche Details der Erfahrung können Sie zusätzlich benennen? Unterteilen Sie einen Erfahrungsbereich in weitere kleinere Einheiten und stecken Sie Energie in Ihren Forschergeist. Dann sehen Sie vielleicht: Das Grummeln ist durch ein Wort entstanden, das aus dem letzten Gespräch nachklingt. Dabei fühlen Sie eine minimale Verkrampfung im Bauch. Und Sie bemerken, dass Ihr Mund sich ganz leicht zusammenzieht, so als hätten Sie in eine saure Zitronenscheibe gebissen. Schon hat sich das ungenaue Grummeln zu einer Mitteilung konkretisiert: Die Bemerkung aus dem letzten Gespräch wirkt unangenehm in Ihnen nach, und Sie können sich nun entscheiden, wie Sie damit umgehen möchten. Ansprechen? Auf später verschieben? Abwarten, bis sich das Gefühl von selbst aufgelöst hat? Das entscheiden Sie aus der ganz persönlichen Situation heraus.

Je länger Sie diese Form der Achtsamkeit üben, umso besser und rascher gelingt Ihnen die Wahrnehmung Ihrer inneren Regungen. Andere Menschen werden gar nicht bemerken, dass Sie diese vielfältigen Klärungsprozesse durchlaufen. Unterdessen wird Ihr Erkenntnisvermögen immer besser und Ihr Geist klarer. Sie fühlen sich stärker, weil sich Ihre Kräfte nicht in innerem Verwirrtsein erschöpfen. Durch die Fähigkeit des Genauerns können Sie reaktive Wut von berechtigter Empörung unterscheiden, und finden den Raum für angemessenes Handeln.

Im Alleinsein genauern

Wenn Sie einmal allein sind, schließen Sie für ein paar Minuten die Augen und machen Sie die Übung des Innehaltens, indem Sie nacheinander Ihre Empfindungen im

Körper, Ihre Herzensgefühle und Gedanken scannen. Dann fragen Sie sich, was aus Ihrer inneren Erfahrung hervorsticht. Die Empfindung oder der Gedanke, der im Vordergrund steht, wird nun genauert. Das funktioniert in etwa so: Wenn Sie vor sich eine kurz geschorene Rasenfläche sehen, ist da erst einmal nur saftiges Grün zu erkennen, doch sobald Sie sich hinhocken, um eine kleine Fläche genauer zu betrachten, entdecken Sie plötzlich Einzelheiten. Sie sehen winzige Blumen, krabbelnde Tierchen, braune und gelbe Grashalme, umgeknickte und gespaltene.
Ähnlich verhält es sich auch mit Ihren Empfindungen. Vielleicht spüren Sie zunächst nur eine allgemeine Abwehr bei dem Gedanken an eine Einladung. Etwas in Ihnen sagt: »Ich würde lieber daheim bleiben und lesen.« Wenn Sie die Wahrnehmung der Abwehr genauern, spüren Sie Ihre grimmigen Falten auf der Stirn und den verkniffenen Mund. Schon erinnern Sie sich, dass Ihre Freunde zum Kartenspielen jemanden

Kleine Weisheitsgeschichte

DAS RECHTE MAß FINDEN

Ein junger Pfarrer wurde zum Gotttesdienst
in eine entlegene ländliche Gemeinde bestellt.
Zu seiner ersten Predigt erschien nur ein einziger Kuhhirte.
Der Pfarrer war unsicher, ob er unter diesen Umständen
den Gottesdienst abhalten sollte, und fragte den Kuhhirten, was er tun solle.
Der wog bedächtig seinen Kopf und meinte:
»Ich kann Ihnen nur schwer sagen, was hier zu tun ist, ich bin nur ein Kuhhirte.
Aber wenn ich daherkäme, um meine Kühe zu füttern,
und nur eine einzige würde erscheinen, so wäre ich von allen guten Geistern
verlassen, wenn ich sie nicht füttern würde.«
Daraufhin hielt der junge Pfarrer seine Predigt genau so,
wie er sie vorbereitet hatte – länger als eine Stunde.
Als er den Kuhhirten verabschiedete, fragte er ihn, ob er zufrieden sei.
Wieder meinte der Kuhhirte:
»Ich kann Ihnen nur schwer sagen, was hier zu tun ist,
ich verstehe nicht viel vom Predigen. Aber wenn ich daherkäme,
um meine Kühe zu füttern, und nur eine einzige tauchte auf,
so wäre ich von allen guten Geistern verlassen,
wenn ich ihr das gesamte Futter vorlegen würde.«

eingeladen haben, der Ihnen beim letzten Mal ziemlich auf die Nerven ging. Nun können Sie sich fragen: Sage ich die Einladung ab oder vertraue ich darauf, heute dem unsympathischen Mitspieler mit Schlagfertigkeit zu begegnen? Um den Gefühlen Raum zu geben, bedarf es umfassender Achtsamkeit. Sie schenken Ihren Empfindungen Zeit und lassen sich auf die Zwiesprache mit ihnen ein.

Innerer Raum entspannt schwierige Gefühle

Erst wenn der innere Raum sich öffnet und Sie mit dem Gefühl so lange verweilen können, bis Sie sich nicht mehr darin verfangen, können Sie erkennen, wie Sie antworten möchten und was Sie mit Ihrer Antwort beabsichtigen. Handeln Sie damit hilfreich für sich und andere? Führt Ihre Antwort zu einer Lösung? Steht sie im Einklang mit Ihren ethischen Grundsätzen? Dieses Innehalten und Abklären von Beweggründen wird bei regelmäßiger Übung immer reibungsloser ablaufen. So erhalten Sie die Möglichkeit, statt einer spontanen, unbewussten Reaktion eine reflektierte Antwort zu wählen.

Streuen Sie einen Teelöffel Salz in ein Wasserglas, wird der Geschmack des Wassers deutlich verändert. Ein Teelöffel Salz in einer Wassertonne dagegen wird kaum erkennbar sein. So verhält es sich auch mit der Intensität eines Gefühls in Bezug auf den inneren Raum. Ein Teelöffel Wut oder Furcht in einem von Ich-Überzeugungen, Meinungen und Urteilen erfüllten Geist vergiftet die Atmosphäre. Die gleiche Menge Gefühl in einem großzügigen, entspannten Geist ist gar nicht zu erkennen. Die Größe des inneren Raumes hat also viel Einfluss auf die Auswirkungen von Gefühlen. Die Verwirrung, die Emotionen stiften können, ist viel stärker, wenn wenig innerer Raum zur Verfügung steht. Eine klare Einschätzung des eigenen inneren Raumes und der Widerstände, die ihn verdichten, hilft uns, die Emotionen zu verstehen und zu verwandeln. Unser Lernen ist also darauf ausgerichtet, den inneren Raum schätzen zu lernen und ihn nicht zu fürchten. Wir üben, Problemen mit »Raum geben« zu begegnen, das heißt, sie mit Raum zu umfangen, ihnen zu erlauben, sich ganz zu zeigen. Dabei unterscheiden wir drei Dimensionen der Raumerfahrung.

Der materiell definierte Raum

Unsere Erfahrung von Raum können wir ganz unterschiedlich beschreiben. Zunächst gibt es den materiell definierten Raum, der den Abstand zwischen Objekten und den Bezug zu unserem eigenen Körper angibt. Stellen Sie sich ein Zimmer in Ihrer Wohnung vor. Ist es vollgestellt mit Möbeln, bleibt kein Raum zum Tanzen oder um Yoga zu machen. Raum ist nur dort, wo keine Inhalte, keine Gegenstände uns körperlich bedrängen. Raum schenkt uns die Freiheit, uns zwischen dem Gegenstand hier und dem Hindernis dort zu bewegen.

Der psychisch erfahrbare Raum

Neben diesem physikalisch offensichtlichen Raum gibt es aber auch den psychologisch erfahrbaren Raum, der objektiv nicht messbar ist. Wenn wir unsere Achtsamkeit nach innen wenden, können wir diesen Raum auf vielfache Weise erleben, wie zum Beispiel in den Formen und Ausdehnungen des Gefühls. Wir finden dabei unterschiedliche Qualitäten von Dichte, Flexibilität, Bewegungsrichtung und Abgrenzung im inneren Empfinden.

Im inneren Raum gibt es Widerstände, Ich-Konzepte, feste Vorstellungen und persönliche Bewertungen, die uns wie Möbel im Weg stehen und daran hindern, uns frei zu bewegen, das heißt unvoreingenommen ein Gefühl zu erfahren. Unsere Abneigungen und Vermeidungsmuster wirken wie Widerstände, die eine freie Bewegung der Emotionen nicht erlauben. Erleben wir uns selbst als verstockt, innerlich eng oder blockiert, dann sind wir abgeschnitten von unseren Empfindungen. Die Gefühle können nicht fließen. Unser Inneres fühlt sich beengt, manchmal sogar klaustrophobisch an. Innerer Raum entsteht, wenn wir die Möbel entfernen, die uns behindern, das heißt die Vorstellungen und Widerstände loslassen, die das Gefühl eingrenzen wollen. Gelingt es uns, all die Hindernisse zu beseitigen, die uns vom inneren Kritiker (siehe Seite 90) auferlegt werden – von der Vorstellung, wie etwas zu sein hat –, dann erleben wir dahinter wieder unbegrenzten Raum.

Weniger Widerstand bedeutet mehr Bewegungsfreiheit. Das Gefühl kann fließen, sich ausdehnen und wie Rauch auflösen. *Innerer Raum ist Ausdruck für Freiheit, für die Abwesenheit von Widerstand.*

Der unbegrenzte Raum des Geistes

Die buddhistische Lehre versteht Geist gleichbedeutend mit Raum. Neben der materiellen und der psychologischen Ebene der Raumerfahrung manifestiert sich in unserem Geist der unbegrenzte Raum des reinen Seins. Es heißt in den buddhistischen Lehren, der Geist sei offen, substanzlos, alles umfassend wie Raum, wie der Himmel, wie das Universum. Ohne Anfang und Ende, nicht dem Entstehen und Vergehen unterworfen – der Geist sei einfach so da, wie er ist.

Der amerikanische Psychologe John Welwood, der die Raumerfahrung in meditativen Zuständen erforscht hat, vergleicht das, was wir als »innere Quelle« oder »inneren Wesenskern« bezeichnen, mit dem, was im Buddhismus »offener Raum des reinen Bewusstseins«, »grenzenlos wacher Geist« genannt wird. Welwood meint, dass wir Menschen immer auf der Suche nach der Verbindung mit unserer inneren Quelle sind und dass wir ein klares Empfinden davon haben, ob wir in deren Nähe rücken oder weit davon entfernt sind. Und dass unser inneres Wachstum sich intuitiv in Richtung offener Raum, Tiefe, Ausdehnung und Freiheit bewegt. All diese Qualitäten treffen auf das Zentrum unseres wahren Wesens zu – die Quelle in uns. Sich hinzuwenden zu sich selbst heißt, sich zu öffnen für den unermesslichen inneren Raum. Je stärker wir die Verbindung zum Fluss der Gefühle wiederherstellen können, umso zufriedener fühlen wir uns. Je näher wir unserer inneren Quelle kommen, desto mehr Raum erleben wir. Diese Erfahrung stärkt unser Vertrauen in das Leben. Unsere Suche kommt zur Ruhe, wir erleben das als »Ankommen« oder als Gotteserfahrung. In allen Kulturen und zu allen Zeiten haben die Menschen nach Worten für diese Erfahrung gesucht und sie auf vielfältige Weise beschrieben. Auch in der Gegenwart, in unserer westlichen Konsumgesellschaft, sehnen wir uns nach diesem geheimnisvollen Prozess. Voraussetzung dafür ist der Einklang mit den eigenen Gefühlen.

Wenn innerer Raum Probleme bereitet

Einem Gefühl Raum zu geben bedeutet nicht, dem Gefühl freien Lauf zu lassen und sich ihm zu unterwerfen. Es ist hilfreich, das deutlich zu unterscheiden, denn in einer Identifikation mit dem Gefühl, die besagt: »Ich bin meine Wut, ich bin meine Trauer«, gibt es keinen Abstand zwischen dem Ich und der Gefühlserfahrung. In diesem Zustand fühlen wir uns überwältigt und ausgeliefert (siehe »Gefühlsjunkie«, Seite 31 und 78). Das Gefühl reißt das Ich mit, überschwemmt und erdrückt es.

In unserem Bild hieße das: Das Gefühl tanzt in dem vollgestopften Zimmer und wirbelt alles chaotisch durcheinander, es ist rücksichtslos und nicht zu bändigen. Wenn es unsere ganze Sichtweise einfärbt, sind wir zu dicht an ihm dran. Wir erlauben ihm dann vielleicht, den inneren Raum vollständig auszufüllen, und es dauert nicht mehr lange, bis wir uns von der Macht dieser Emotion überwältigt fühlen. Das wirkt beängstigend und hat zur Folge, dass wir nun versuchen, das Gefühl zu kontrollieren, um so etwas nicht noch einmal erleben zu müssen. Dadurch baut sich ein hoher innerer Druck (Widerstand) gegen die eigenen Gefühle auf. Wir denken: »Wenn ich es nicht schaffe, das Gefühl zu beherrschen, werde ich weggeschwemmt.« Das Gefühl bekommt unter diesen Voraussetzungen immer weniger Raum und wird gleichzeitig immer drängender. Irgendwann erfolgt die Explosion, und wir schlagen um uns.

Oder wir wählen als Ausweg die Verlagerung der Problematik, indem wir körperlich krank werden oder in eine Sucht flüchten. Die abgeschnittene Verbindung zu unserer

inneren Quelle wirkt in jedem Fall verstörend. Wer seine Gefühle in eine enge Zelle einsperrt, empfindet keinen Spielraum und fühlt sich abhängig von äußeren Einflüssen. Die Aufgaben und Verpflichtungen des Alltags drücken dann wie ein enges Korsett, das Leben erscheint oberflächlich, monoton und äußerst unbefriedigend.

Raum löst manchmal Furcht aus

Wenn Sie es seit vielen Jahren gewohnt sind, Ihre Gefühle streng zu kontrollieren, werden Sie kaum plötzlich umschalten und ihnen Raum geben können. Das achtsame Hinwenden zur inneren Erfahrung kann auch Ängste auslösen. Vielleicht weckt der erste Kontakt mit diesem Raum bei Ihnen die Befürchtung, Sie könnten darin verloren gehen, weil es keine definierten Grenzen, keine Orientierung mehr gibt. Je nach Persönlichkeitstyp wird der innere Raum anders interpretiert. Manche empfinden ihn gar als bedrohliches schwarzes Loch, das den Verlust von Kontrolle und Ordnung verkündet. Die»schwarze innere Hölle« hat es eine Meditationsanfängerin genannt und damit zum Ausdruck gebracht, wie wenig vertraut ihr die eigenen Empfindungen waren.

Wir brauchen durchaus Mut, um dieser vermeintlichen Leere oder auch den Widerständen ins Auge zu schauen (siehe auch Seite 65). Was, fürchten Sie, könnte Ihnen passieren, wenn Sie fühlen, was Sie fühlen? Ziemlich sicher käme es zu keiner inneren Katastrophe, sondern Sie würden wahrscheinlich »nur« eine sehr unangenehme Empfindung erleben. Schwierig auszuhalten, ja, doch ist das wirklich ein Grund, sich abzuwenden und das Gefühl zu unterdrücken?

Mithilfe der Übungen in den vorhergehenden Kapiteln haben Sie bereits gelernt, achtsam mit sich selbst zu verweilen. Wenn Sie einer schwierigen Empfindung erlauben, sich ganz zu zeigen, ihr also inneren Raum geben, dann erinnern Sie sich wieder an den Kontakt mit dem Boden unter Ihren Füßen und lassen den Atem fließen. Versuchen Sie anzunehmen, was Sie fühlen, ohne sich aus dem Gleichgewicht bringen zu lassen. Akzeptierend erleben Sie das Gefühl, ohne sich ihm zu unterwerfen. Schritt für Schritt wird es Ihnen so gelingen, den Druck abzubauen. Ein Möbelstück nach dem anderen landet auf dem Sperrmüll, und der innere Raum vergrößert sich immer weiter, bis die Gefühle keine Verwirrung und keinen Aufruhr mehr verursachen.

Hilfe beim Raumschaffen

Eine einfache Möglichkeit, in schwierigen Situationen Raum zu schaffen, ist seit jeher bekannt. Wenden Sie sich an ein wunderbares Wesen, denken Sie an einen guten Geist, einen Buddha, eine Göttin und beten Sie. Beten Sie für das, was Sie brauchen, was Ihnen helfen könnte, was Ihr Leiden beenden würde.

Wenn Sie sich nichts Genaues vorstellen können, sich an kein Gegenüber wenden möchten, sich selbst aber vollkommen festgefahren fühlen, dann beten Sie einfach: »Möge sich eine Lösung zeigen. Möge ich Einsicht gewinnen. Möge ich den Raum finden, in dem ich zur Ruhe kommen kann.«

Übung

IM KONFLIKTFALL RAUM SCHAFFEN

Wenn Sie gerade in einer schwierigen Situation stecken, in der Sie keinen inneren Raum verspüren, können Sie probieren, ob diese Übung Erleichterung bringt. Angenommen, Sie stellen fest, dass Sie sich selbst und Ihren Nächsten immer wieder dieselbe Geschichte von einem akuten Konflikt erzählen – wie es dazu gekommen ist, wer was gesagt und getan hat. Sie kommen einfach nicht davon los, weil Sie noch verärgert sind und sich im Recht fühlen, und Sie können nicht erkennen, was Sie dazu beigetragen haben, es regt Sie einfach nur auf …

- Nehmen Sie sich eine halbe Stunde ungestörte Zeit für sich. Am besten wäre es, wenn Sie die Übung schriftlich machen, Sie können aber auch laut oder leise vor sich hin sprechen, statt zu schreiben.
- Beginnen Sie damit, sich das konfliktträchtige Ereignis als Traum zu erzählen. »Ich hatte einen Traum, und in dem Traum ist das und das passiert …«
- Erzählen Sie die Geschichte dreimal nacheinander. Sie darf sich dabei verändern, verkürzen. Die Vorstellung, dass dieser schwierige Konflikt nur ein Traum ist, kann dabei helfen, ein paar Millimeter Raum in dem Geschehen zu finden.
- Nun steigern Sie den Schwierigkeitsgrad, indem Sie den Traum aus der Perspektive der Person erzählen, mit der Sie sich im Konflikt befinden. Wenn das zum Beispiel Ihr Sohn ist, stellen Sie sich vor, Sie seien Ihr Sohn und dieser erzählt: Ich hatte einen Traum, und in dem Traum ist meine Mutter/mein Vater …
- Von da aus können Sie weitergehen in Ihrer Vorstellung: Sie erzählen nun den Anschlusstraum, in dem es zu einer Lösung des Konflikts kommt. Im Traum ist alles vorstellbar – legen Sie sich keine Beschränkungen auf –, träumen Sie in die Zukunft hinein und stellen Sie sich vor, wie Ihr Sohn genau das tut, was Ihre Verletzungen heilt, auch wenn es völlig unmöglich erscheint. Die Gedanken sind frei!
- Im Anschluss an die Übung: Immer wenn Sie bemerken, dass Sie die alte, konfliktträchtige Geschichte innerlich wiederholen, setzen Sie an den Anfang: Ich hatte einen Traum, und in dem Traum ist das und das passiert …

Die fünfte kostbare Eigenschaft: innere Entspannung

Ein natürlicher Nebeneffekt des buddhistischen Übungswegs besteht darin, dass Sie im Herzen sanfter werden. Mit wachsendem Gewahrsein fühlen Sie sich deutlich wohler mit sich selbst. Sobald Sie inneren Konfliktstoff erkennen, wenden Sie Ihre Aufmerksamkeit dorthin und sorgen dafür, dass Raum entsteht. Sie geben der Erregung keine zusätzliche Nahrung, halten stattdessen Ausschau nach innerem Ausgleich. Bevor Sie darüber Klarheit gewinnen, was Ihre Erregung lösen kann (mehr dazu in den folgenden Kapiteln), entspannen Sie sich erst einmal.

Entspannung ist eine weitere Grundlage auf dem Weg des Erwachens. Durch das entspannte Umgehen mit Ihren emotionalen Prozessen entwickeln Sie mehr und mehr Gelassenheit und Freude. Auch während Sie diese Zeilen lesen, wissen und spüren Sie: »Hier empfindet mein Körper Druck, so spüre ich meine Füße auf dem Boden, so geht es mir im Herzen. Mit jedem Gedanken an die Entspannung lasse ich ein wenig mehr los. Auf manche Muskeln kann ich Einfluss nehmen, auf andere noch nicht. Da habe ich schon wieder ganz unnötig die Zähne zusammengebissen, die Schultern hochgezogen …« Sie finden Gefallen daran, die Details der inneren Wahrnehmung zu unterscheiden und zu erforschen. Es tut Ihnen wohl, die Bewertungen abzuwerfen und die reinen Sinneseindrücke zu genießen.

»Wir müssen nicht für die Freiheit kämpfen,
allein die Abwesenheit von Kampf
bedeutet schon Freiheit.«

Trungpa Rinpoche

In jedem neuen Moment von Entspannung wird der innere Raum zugänglicher. Eine gewisse Ruhe breitet sich aus. In den buddhistischen Schriften wird der Faktor »innere Entspannung« auch mit Gestilltheit übersetzt.
Damit ist der Zustand des wohligen Sattseins gemeint, den wir auch von gestillten Babys kennen. Es bedeutet, nicht immerzu geschäftig die Gedanken schwirren zu lassen, sondern die Aufmerksamkeit im Körper zu bewahren, stets aufs Neue loszulassen, so weit es uns möglich ist. Das wird niemals langweilig, das tut immer wohl. Ein Sichöffnen und Sichhingeben klingt in der Entspannung mit an.

Bewusstes Akzeptieren

Wenn Sie sich wohler fühlen, wirkt sich das auch auf Ihre Umgebung aus, denn manche Konflikte bauen sich gar nicht erst auf, wenn Sie entspannten inneren Raum zur Verfügung stellen können. Entspannung setzt keine Anstrengung voraus, nur sehr viel Übung und die innere Entschiedenheit, aufzuhorchen und die Augen zu öffnen

ohne Druck und Erwartungen. Meine Freundin Tara Brach nennt das »radikale Akzeptanz«. Sie schreibt: »Wenn ich davon spreche, dass wir absolut alles akzeptieren sollen, meine ich damit, dass wir uns jeden Moment bewusst sind, was in unserem Körper und Geist vorgeht, ohne zu versuchen, die Vorgänge zu kontrollieren oder zu beurteilen oder vor ihnen zurückzuweichen.« (Siehe Literaturverzeichnis Seite 156.) Das bedeutet, mit unseren eigenen Empfindungen so anwesend zu sein, dass sie nicht erst ausagiert werden müssen, um uns bewusst zu werden.
Probieren Sie es aus: Wenn Sie Ihre Wut, Ihre Furcht, Ihre Bedürftigkeit ganz achtsam im Herzen fühlen, werden Sie nicht mehr so leicht unbewusst von diesen Empfindungen überwältigt. Sie verlieren ihre Bedrohlichkeit, je mehr Sie sich auf sie einlassen, je weniger Sie sie beherrschen wollen. Die innere Auflehnung gegen Erfahrung schwächt uns. Wenn wir unsere eigene Wut, unsere eigene Furcht so annehmen können, wie sie gerade erscheint, müssen wir diese Gefühle nicht mehr ausagieren. Wir machen Raum dafür, wir genauern unser Spüren und bemerken, dass sich in uns etwas zum Besseren hin verwandelt.

Kern-Übung

SICH HUNDERTMAL AM TAG IN ACHTSAMKEIT ENTSPANNEN

AM MORGEN

- Bleiben Sie nach dem Aufwachen noch ein paar Minuten liegen und horchen Sie in sich hinein. Mit welchem Impuls gehen Sie in den Tag hinein? Wenn Sie ausgeruht sind, können Sie eine kraftvoll-dynamische innere Bewegung wahrnehmen. Sie sind bereit, die Dinge anzupacken. Das ist ein angenehmes Gefühl. Um dieses gute Gefühl herum können Sie sich ins Herz hinein entspannen.

Fortsetzung Kern-Übung

- Wenn Sie sich müde und zerschlagen fühlen, nehmen Sie dieses unangenehme Gefühl ebenso akzeptierend an und entspannen Sie sich um es herum. Sagen Sie sich: »Auch wenn das jetzt kein besonders angenehmes Beginnen ist – zumindest entspannen kann ich mich ja trotzdem.«

TAGSÜBER

- Vertrauen Sie darauf, dass der Impuls, sich ständig neu zu entspannen, seine Kraft entfalten wird. Laufen Sie los, erledigen Sie die Dinge, die Sie tun wollen, und wenn Sie im Laufe des Tages Ihr Innehalten üben, erinnern Sie sich dabei immer: »Entspanne dich so gut, wie es gerade geht. Lass deinen Kräften freien Lauf, du musst nicht kämpfen.«
- Aus der inneren Auflehnung, dem Widerstand, gehen Sie in das annehmende, Raum gebende Empfinden hinein. Sie erlauben sich Weichheit, wo vorher Härte herrschte. Sie halten inne und entdecken, dass ein Aufatmen, ein unhörbarer Seufzer genügt, um wieder einen Millimeter mehr an Vertrauen zu erringen – in sich selbst wie auch im Kontakt mit den Menschen um Sie herum.
- Fragen Sie sich bei jedem Innehalten: »Kann ich mich noch tiefer entspannen?« Laden Sie zum Ausgleich von Spannung und Erregung hundertmal am Tag tieferes Loslassen ein: »Wo halte ich unnötig fest?« Unter all den unterschiedlichen Aspekten Ihrer Persönlichkeit gibt es immer einen, dem Sie jetzt gerade mehr Freiraum zubilligen können – Sie müssen beispielsweise nicht jederzeit superordentlich sein, Sie können sich auch mal erlauben, zu spät zu kommen, und Sie müssen nicht immer die hundertprozentig perfekte Gastgeberin sein.
  In all Ihren unzähligen Muskeln ist das ebenso – es lässt sich immer einer finden, den Sie jetzt gerade unnötig festhalten. Mit dem liebevoll gemeinten »Entspanne dich noch tiefer« können Sie sich selbst durch den Tag begleiten, mal hier und mal dort etwas mehr loslassen und so die Kräfte in sich freisetzen, die über kurz oder lang eine Transformation bewirken werden.

Schwierige Gefühle ausgleichen und loslassen

Ursache und Wirkung von Gefühlen

So wie sich Schnee im Wasser auflöst, können schwierige Gefühle Ausgleich durch heilsame Emotionen finden. Um unserem langfristigen Ziel, der Verwandlung der Gefühle, näher zu kommen, richten wir noch einmal verstärkt die Aufmerksamkeit auf Triebkräfte, die Leiden schaffen, und auf innere Einstellungen, die uns helfen, das Leiden deutlich zu mindern. Indem wir einen angenehmen Gegenpol aufsuchen und bewusst das Gefühl von Freude wecken, gelingt es uns, wohltuende Geisteshaltungen zu kultivieren.

Inzwischen haben Sie bereits einige Instrumente in der Hand, die Ihnen bei der Wahrnehmung Ihrer Gefühle wichtige Dienste leisten. In den ersten Kapiteln ging es darum, die innere Welt mit Energie und Forschergeist zu erkunden. Sie haben gelernt, Körperempfindungen und Gedanken mit Gefühlen in Zusammenhang zu bringen, angenehme von unangenehmen Emotionen zu unterscheiden und aufmerksam zu erkennen, mit welcher Haltung Sie Ihren Gefühlen begegnen. Sie haben Ihren inneren Raum erkundet und sind achtsam dabei, ihn zu erweitern, indem Sie mit ungelösten Fragen und schwierigen Gefühlen verweilen und in sich hineinspüren. Vielleicht besteht darin die stärkste Herausforderung. Braucht es doch viel Vertrauen, dass sich mit akzeptierendem Annehmen tatsächlich eine Lösung zeigen wird. Das tiefere Verständnis, das Sie durch das Üben im Innehalten gewinnen, fördert Ihre Selbsterkenntnis und stärkt Ihr Selbstwertgefühl. Jeder von uns kann durch regelmäßiges Üben sein Potenzial zur Veränderung entwickeln und seine schwierigen Gefühle verwandeln. Wie schade wäre es, wenn wir das nicht nutzen würden! »Ich bin. Aber ich habe mich nicht. Darum werden wir erst.«, schrieb der deutsche Philosoph Ernst Bloch. Für dieses Werden bedarf es nach buddhistischem Verständnis eines Wissens um die Wurzelkräfte, die unser Verhalten prägen.

Die Wurzelkräfte und ihre Auswirkungen

Im vierten Kapitel haben wir bereits erfahren, dass die Wurzelkräfte biologische Reaktionen auf angenehme und unangenehme Erfahrungen sind. Wir wissen, dass alles, was aus Unwissenheit, Gier oder Böswilligkeit entspringt, auf die eine oder andere Weise unheilsam wirkt und Leiden hervorbringt. Daher ist es das Ziel der Achtsamkeitspraxis, diese von Begehren genährten Gefühle schon im Aufkeimen zu erkennen und so bald wie möglich loszulassen. Das innere Bemühen, den drei Wurzelkräften keine weitere Nahrung zu schenken, ist in allen Aspekten von buddhistischen

Übungsmethoden enthalten. Doch betrachten wir zunächst, wie sich die Wurzelenergien Gier, Böswilligkeit und Unwissenheit in Handlungen auswirken.
In der buddhistischen Lehre sprechen wir von drei Toren des Handelns: dem Denken, dem Reden und dem tatsächlichen Tun. Für alle drei Formen der Aktivität brauchen wir Energie. Alles, was wir denken, sagen und tun, ist von einer bestimmten inneren Kraft erfüllt. Es ist die geniale Erkenntnis von Buddha, dass Handlungen, die aus den Wurzelkräften Böswilligkeit, Gier und Unwissenheit entstehen, auch in ihrem weiteren Verlauf davon geprägt sind. Der auslösende Impuls Böswilligkeit ist in den Worten und Taten, die folgen, ebenso erkennbar wie die Gier oder Unwissenheit. Ist aber Mitgefühl und Zuneigung der erste Impuls, so wird sich das auch im weiteren Verhalten zeigen. Nehmen wir als Beispiel immer die gleiche Situation: Eine alte Dame, die eine schwere Einkaufstasche die Treppe hochschleppt, trifft auf ihren Nachbarn, einen jungen Vater. Ist dieser ärgerlich auf sie, weil sie viel zu häufig mit seinen Kindern schimpft, denkt er, von der Wurzelkraft Böswilligkeit erfüllt: »Das hast du nun davon. Wenn du etwas netter wärst, würde ich dir helfen – aber so nicht!« Begegnet die alte Dame einem von Gier erfüllten Vater, sagt der: »Warten Sie, ich rufe meinen Sohn, der trägt Ihnen gern für ein Taschengeld den Einkauf nach oben.« Und wenn sie auf einen unwissenden Vater trifft? Der geht an ihr vorbei, ohne ihre Schwierigkeiten zu erkennen, weil er in Gedanken ganz woanders ist. Wäre es hingegen ein mitfühlender Vater, würde er ihr die Tasche abnehmen, ein paar nette Worte mit ihr wechseln und vorschlagen, nächstes Mal gleich bei ihm zu klingeln.

Die Wurzelkräfte prägen unsere Gefühle

Buddha knüpft mit der Lehre von der Wirkungsweise der Wurzelkräfte an das universale Kausalitätsgesetz an, bei dem es um den Zusammenhang von Ursache und Wirkung geht. Wenn ich einen Pfirsichkern in den Boden stecke, wächst daraus ein

Pfirsich- und kein Apfelbaum. *Der Samen, der gestreut wird, bringt in logischer Konsequenz bestimmte Früchte hervor.*

Auch die drei Formen des Handelns sind dem Gesetz von Ursache und Wirkung unterworfen. Denken, Reden und Tun – was immer aus den Wurzelkräften Gier, Böswilligkeit und Unwissenheit hervorgeht, wird Früchte tragen, die von diesen Kräften eingefärbt sind – sie bringen Leiden mit sich und wirken unheilvoll.

Gefühle, die aus Böswilligkeit entstehen

Nehmen wir einmal an, Sie fühlen sich verletzt durch das Verhalten Ihrer Sportfreunde aus dem Verein. Sie haben nichts von einem gemeinsamen Grillfest erfahren, Sie wussten auch nicht, dass man sich jetzt nach dem Sport in einer anderen Gaststätte trifft. Sie fühlen sich ausgeschlossen und sind besonders verärgert darüber, dass Ihr Freund, auf den Sie sich bisher immer verlassen haben, Sie nicht über diese Änderungen informiert hat.

Jetzt denken Sie darüber nach, wie Sie ihm bei nächster Gelegenheit eins auswischen können. Ihr Denken, Reden und Tun ihm gegenüber ist nun geprägt von Böswilligkeit, die im Gewand der Rache daherkommt. Im Gespräch mit ihm wirken Sie einsilbig. Ihre Antworten klingen eher patzig. Als er Sie nach dem Training fragt, ob Sie demnächst mal zum Squashspielen gehen wollen, erfinden Sie eine Ausrede. Weil Sie sich selbst in Ihrem Gefühl des Ausgeschlossenseins nicht annehmen können, sind Sie frustriert und verärgert. Diese beiden unangenehmen Gefühle gefallen Ihnen jedoch gar nicht. Sie lenken sich ab, indem Sie darüber nachdenken, wie Sie Frust und Ärger an jemand anderen weitergeben können. Und deshalb erinnern Sie Ihren Freund nicht daran, dass er gleich nach dem Sport seine Frau anrufen soll, denn Sie wissen, dass er dann zu Hause Ärger bekommt, und sie wollen ihn leiden sehen. So verstärken Sie Ihr eigenes Leiden nicht nur, sondern vervielfältigen es auch noch, indem Sie andere mit hineinziehen. Böswilligkeit mündet in unendlich viele verschiedene schwierige Gefühle: Rache, Missachtung, Wut, Vernachlässigung, Verleumdung,

Lüge und Betrug werden von dieser abwehrenden Kraft genährt. In der Zeitung finden Sie auf jeder Seite Beispiele für die Auswirkungen von Böswilligkeit, die auf der politischen Weltbühne ebenso unheilvoll wirken wie im direkten Miteinander.

Gefühle, die auf Unwissenheit beruhen

Dass wir uns nicht eines Besseren besinnen können, liegt – laut Buddha – daran, dass wir nicht erkennen, welch ewiges Leiden Gier und Böswilligkeit bewirken. Wir möchten es auch gar nicht wissen. Uns kommt es lediglich darauf an, dass unsere Bedürfnisse erfüllt werden und dass wir recht haben. Die Unwissenheit an sich wirkt nicht schmerzhaft, aber ihre Folgen, das Sichverlieren in schädlichen Gefühlen, schaffen Leiden. Unwissenheit, auch Ignoranz genannt, ist ein psychologischer Zu-

stand von Selbsttäuschung und Stumpfsinn, Verwirrtheit und Verständnislosigkeit, beladen mit Vorurteilen und rigiden Ansichten. Die Gefühle, die daraus erwachsen, sind Unsicherheit, Angst, Hilflosigkeit, Ohnmacht, Unruhe, Rastlosigkeit, auch Langeweile und Depressivität. Mit Unwissenheit ist nicht Informationsmangel gemeint, sondern das zu geringe Interesse, das Nicht-verstehen-Wollen, wie unter dem Einfluss unserer Gelüste vieles rosiger erscheint und unter dem Einfluss von böswilliger Aversion vieles abstoßender wirkt. Ich umschreibe diesen Geisteszustand auch gerne mit dem Begriff »Wirklichkeitsverweigerung«, denn man stellt sich blind und übernimmt nicht die Verantwortung für das eigene Handeln.

Die drei Jugendlichen in der folgenden Geschichte sind Beispiele für diese Geisteshaltung. Sie haben sich am heiligen Sabbath in einer Scheune versteckt, um zu rauchen, und wurden dabei vom Rabbi erwischt. Der erste sagte zu seiner Entschuldigung: »Ich habe ganz vergessen, dass man am Sabbath nicht rauchen darf.« Der zweite sagte: »Ich habe vergessen, dass heute Sabbath ist.« Und der dritte sagte: »Ich habe auch etwas vergessen.« »Na, was denn?« »Ich habe vergessen, die Scheune abzuschließen.«

Gefühle, die aus Verlangen entstehen

Gefühle, die aus unstillbarem Begehren entspringen, können weder für uns selbst noch für andere heilsam wirken. Sie tragen Triebkräfte in sich, die uns in Konflikte bringen und nicht zur Ruhe kommen lassen. Gier oder Verlangen entstehen aus dem Wunsch nach angenehmen Erfahrungen. Wir projizieren auf Menschen und Dinge Eigenschaften, die wir begehren. Wir bewerten einen Ring als wunderschön und wollen ihn haben, während jemand anders vielleicht denkt: Wie kann man dafür nur Geld ausgeben? Viele Geschäfte stehen voller Dinge, die darauf warten, die Konsumlust bei einem Käufer zu wecken. Entsteht im Geist Verlangen, richten sich Gefühle und Gedanken danach aus und bestimmen Worte und Taten. Angenommen, ein attraktiver Mann und eine bezaubernde Frau kommen zur Tür herein. Alle Augen der Gäste wenden sich ihnen zu, die einen denken: »Möchte ich kennenlernen«, andere rufen ihnen etwas zu oder strecken die Hand zur Begrüßung aus. Denken, Reden, Tun – die drei Tore des Handelns werden aufgestoßen, sobald ein Hauch von Verlangen ausgelöst wird. Zuweilen verstärkt sich dieses, es wird zur Gier, zu einem Hingezogenwerden und Anhaften, koste es, was es wolle. Verlangen wirkt wie zäher Leim. Gefühle, die daraus erwachsen, können zum Beispiel Lust, Euphorie, Eifersucht, Frustration und Enttäuschung sein. Wenn Sie Ihr Begehren bemerken, versuchen Sie, achtsam damit umzugehen, denn Verlangen ist ein Zustand, der vergeblich nach Erfüllung und dauerhafter Befriedigung sucht.

Mentalen Ausgleich üben

Ob Ihnen inzwischen klar ist, welche schädlichen Gefühle Sie nach und nach entlassen beziehungsweise gar nicht mehr aufkommen lassen möchten? Wenn Sie schon bei deren Aufkeimen erkennen, ob Sie von einem starken Verlangen oder einer deutlichen Abwehr getrieben sind, können Sie üben, das jeweilige Gefühl auszugleichen oder loszulassen. Sie wissen ja, dass allein mehr Aufmerksamkeit und Gedankenaktivität jedes Gefühl verstärkt. Sie brauchen also die Kraft, Ihre Gedanken zu erkennen und ihnen nicht ungehindert freien Lauf zu lassen.

Wenn Sie eine grundsätzliche Klarheit gewonnen haben, dass Sie keine Gefühle und Gedanken nähren wollen, die Leiden schaffen, ist das ein wichtiger Anhaltspunkt für Ihr Verhalten, auch wenn es häufig scheint, als ob Sie nur unterscheiden können zwischen mehr und weniger Leiden.

Wir kommen im Leben dauernd in Situationen, wo Leiden sich nicht völlig vermeiden lässt. Es ist stets ein Abwägen zwischen allen Interessen nötig, und wir können nicht allen Menschen gleichermaßen gerecht werden. Dennoch ist allein dieses mitfühlende Abwägen schon sehr wertvoll, verhindert es doch, dass wir einfach ohne Nachdenken ausagieren, was die jeweiligen Emotionen auslösen.

Balance herstellen

Wir haben keine Kontrolle über das Auftauchen von Emotionen, wir können uns nur darin üben, spontane Gefühle nicht sogleich in Handlung umzusetzen. Da Gefühle so vielfältig und individuell sind, gibt es leider keine einfache Wenn-dann-Liste. Wir müssen also genau hinschauen, was in uns vorgeht. Das ist besonders schwierig, wenn Gefühle in uns rumoren, die Folge von ungelösten Konflikten sind. Da wir aus der Schlinge herauswollen, sind die Gedanken unablässig damit beschäftigt, einen Ausweg, eine Lösung zu suchen. Dabei werden die Gefühle durch ständiges Grübeln weiter aufgewühlt, und je intensiver eines wird, umso mehr stehen wir unter Handlungsdruck. Wir möchten endlich etwas sagen oder tun, um die Erregung loszuwerden, die sich mit dem Gefühl in uns aufbaut. *Wenn wir uns psychisch unter Stress fühlen, brauchen wir Methoden, mit denen wir uns bewusst Entspannung und Erleichterung verschaffen können.* Von Sportlern wissen wir, dass sie sich durch mentales Training auf Herausforderungen vorbereiten. Wenn plötzlich Millionen Augen von Fernsehschauern auf die junge Hochspringerin gerichtet sind, darf sie sich nicht innerlich vor Angst verkrampfen. Sie braucht Vertrauen in ihre psychische Belastbarkeit und geht in Gedanken noch einmal jeden Anlaufschritt bis zum Absprung durch. Vielleicht spricht sie sogar laut mit sich selbst, weil sie spürt, dass dadurch ihr Selbstbewusstsein steigt. Wir können daraus lernen, dass es sinnvoll ist, sich mentale Techniken anzueignen, die zu uns passen und uns in schwierigen Situationen auf Abruf zur Verfügung stehen. Erkunden Sie die folgenden Prinzipien erst einmal in Situationen, in denen Sie sich persönlich nicht angegriffen fühlen.

Den angenehmen oder neutralen Gegenpol finden

Wenn wir auf einen Menschen treffen, vor dem wir Angst haben oder auf den wir wütend sind, spüren wir schon die Unruhe im Bauch. Hitze steigt auf, der Atem wird schneller. Vielleicht bekommen wir Schwindelanfälle oder alles zieht sich im Bauch zusammen. Es kommt zu vielerlei physischen Reaktionen, je stärker das Gefühl uns ergreift. Machen Sie sich, um solche problematischen Gefühle auszugleichen, auf die Suche nach einem inneren Gegenpol. Fragen Sie sich: »Was könnte mein Gefühl jetzt besänftigen?« Erkunden Sie, welche Gedanken, welche Emotionen in die Waagschale gelegt werden müssen, damit Sie sich besser fühlen. Allein die Bereitschaft dazu wirkt schon beruhigend und verändernd, denn Sie lenken in dem Moment, wenn Sie nach dem Ausgleich suchen, die Gedanken in eine andere Richtung und entziehen dem Gefühl Aufmerksamkeit, das heißt Energie.

»Alle spirituellen Methoden sind nur Mittel, um Gewahrsein, Herzenswärme und Mitgefühl zu entwickeln. Das ist alles.«
Jack Kornfield

Ich habe für mich herausgefunden, dass ich Ärger durch Großzügigkeit ausgleichen kann, Euphorie durch Nüchternheit, Unsicherheit durch Humor. Vielleicht hilft es Ihnen, sich in der Vorstellung an einen schönen Ort zu versetzen, den Sie aus dem Urlaub kennen, oder an einen Lieblingsplatz, den Sie daheim im Garten oder im Park haben. Sie können auch einen wohligen Ort in Ihrem Körper aufsuchen. Fragen Sie sich: »Welcher Bereich in meinem Körper fühlt sich warm, weich und entspannt an?« Irgendwo in Ihnen gibt es diesen Ort ganz sicher, wenn Sie achtsam genug nachspüren. Nisten Sie sich dann mit Ihrer Aufmerksamkeit dort ein. Von diesem sicheren Bereich aus können Sie auch Ausschau halten und sich sagen: »Ich bin nicht mein Gefühl. Diese unangenehme, schwierige Erfahrung ist nur ein Teil meines inneren Erlebens. Es gibt noch ganz andere Empfindungen in mir in diesem Moment.« Auch mit der folgenden Übung können Sie trainieren, in schwierigen Situationen Ausgleich zu schaffen und eine sichere innere Distanz herzustellen.

Übung

IM SCHWIERIGEN GESPRÄCH AUSGLEICH SCHAFFEN

Mithilfe dieser kleinen Spürübung können Sie sich auf eine für Sie schwierige Begegnung vorbereiten. Nehmen Sie sich dafür zehn Minuten ungestörte Zeit.

- Fragen Sie sich zunächst, ob es einen guten Grund für Ihre Befürchtungen gibt. Welcher Wunsch von Ihnen findet nicht genug Beachtung? Müssen Sie handeln?
- Wenn die Fakten geklärt sind und Sie dennoch die bevorstehende Gesprächssituation fürchten, dann entscheiden Sie sich, einen Teil Ihrer Aufmerksamkeit folgendermaßen umzuleiten:
- Suchen Sie sich einen kleinen Gegenstand, eine Büroklammer, einen Radiergummi oder Ähnliches, stecken Sie den Gegenstand in die Hosentasche und tasten Sie ihn genau ab, fühlen Sie die verschiedenen Qualitäten der Oberfläche, des Gewichts, der Form.
- Verlagern Sie – während Sie in Ihrer Vorstellung mit der schwierigen Person sprechen – Ihre Aufmerksamkeit vom Spüren des Gegenstands in der Hosentasche hin zu den Füßen. Spüren Sie den Boden unter Ihren Füßen. Welcher Bereich des linken Fußes empfindet mehr Druck, welcher Bereich des rechten trägt Ihr Gewicht?
- Von dort gehen Sie wieder mit der Aufmerksamkeit zu dem Gegenstand in Ihrer Hosentasche. So machen Sie eine kleine Kreisbewegung, von der einen Hand in der Tasche zu dem linken und dem rechten Fuß und wieder zu der Hand – das alles, während Sie in Ihrer Vorstellung im Gespräch sind.
- Das ist die Trockenübung, die Vorbereitung. Führen Sie danach diese Übung in der tatsächlichen Begegnung mit der schwierigen Person aus.

Mithilfe dieser Übung schenken Sie Ihren unangenehmen Gefühlen nicht mehr Ihre komplette Aufmerksamkeit und identifizieren sich deshalb auch nicht mehr so stark damit. Sie können diese Übung auch etwas abwandeln, damit sie Ihnen noch besser entspricht. Beziehen Sie dabei verschiedene Sinnesorgane aktiv ein und suchen Sie stets sicheren Bodenkontakt.

Die sechste kostbare Eigenschaft: Grundgefühl Freude

Am frühen Morgen gebe ich das Auto in der Werkstatt ab und radle nach Hause zurück an meinen Schreibtisch. Nebel schluckt Licht und Lärm und bedeckt das Land mit Milde. Es ist jetzt schon warm – ein heißer Spätsommertag kündigt sich an.
In gleißendem Milchgelb steht die Sonne über frisch gepflügten Feldern, aus denen noch hier und da Kornstoppeln hervorschauen. »Lach mal«, hat jemand mit himmelblauem Farbspray auf den Fahrradweg gesprüht. Heiterkeit blitzt für einen Moment in mir auf, die gleich wieder von schweren Gedanken an dieses Kapitel verschluckt wird, in dem es so viel um Leiden geht. Doch schon erinnere ich mich wieder: »Lach mal!« Ich verziehe meinen Mund zu einem übertrieben schrägen Grinsen und stelle fest, dass mich dieses Herumalbern aufheitert. »Ja!«, ruft es in mir, »heute werde ich den Absatz über die Freude schreiben.«
Mit der Freude werfen wir Leichtigkeit in die Waagschale des Alltags – das ausgleichende Gefühl, das unser körperliches und geistiges Wohl umfassend nährt, der sechste Faktor in der Liste der Eigenschaften, die uns zur inneren Befreiung führen. Schon der Klang des Wortes lässt uns aufatmen. In Freude ist Entspannung, Motivation, Akzeptanz und eine erhöhte Wachheit enthalten. Freude kann Stress auflösen und unser Herz für unsere Nächsten öffnen. Wie gerne hören wir Geschichten, die uns freudig stimmen, wie belebend wirken ein paar humorvolle Worte! Heiß begehrt sind Komiker, Kabarettisten, all jene, die uns zum Lachen bringen können. Dabei hat jeder einen etwas anderen Sinn für Humor. Manchmal kommt Freude als flüchtiges Gefühl zu uns wie der Duft von Holunderblüten, an denen wir vorbeiradeln. Kaum genossen, schon vorüber. Zu anderen Zeiten halten wir inne und erkennen: Es gibt so vieles, worüber wir uns freuen können! Freude ist nicht nur ein flüchtiges Gefühl, sondern auch ein Geisteszustand, den man nähren kann. Wenn wir das verstehen, können wir jeden Tag Freude erfahren.

Übung

FREUDE ERKUNDEN

- Nehmen Sie einen Stift und notieren Sie sich mindestens fünf bis zehn kleine Freuden, die Sie in den vergangenen Tagen erlebt haben: der Blumenstrauß von einer Freundin, das Gefühl des Sattseins nach dem letzten Mittagessen, das aufmunternde Lächeln eines Kollegen, die fröhlich tollenden Hunde im Park ...
- Unterscheiden Sie jetzt in Ihrer Liste (a) die Freuden, die von außen auf Sie zugekommen sind durch Dinge oder Menschen in Ihrem Umfeld, und jene Freuden (b), die allein von innen heraus entstanden sind – zum Beispiel die Freude über das Bewusstsein, Zeit zu haben, die Freude an Bewegung, die Freude an bestimmten Erinnerungen oder auch die Freude, über Ihre Fähigkeit zu staunen.

Geistige Wohltaten genießen

In der buddhistischen Psychologie unterscheiden wir die weltlichen und überweltlichen Freuden. Erstere werden durch angenehme Sinneserfahrungen ausgelöst und sind häufig im Verlangen begründet. Letztere hingegen sind Folge geistiger Prozesse und damit unabhängig von Sinneserfahrungen. Die Freude im Geist ist unaufgeregt. Sie bringt tiefe Zufriedenheit mit sich, weil sie nicht von äußeren Ereignissen abhängig ist. Niemand kann sie uns nehmen. Ganz gleich, wie düster die Welt sich zeigt, es bleibt uns immer vorbehalten, uns am Morgen mit einem Lächeln im Spiegel zu begrüßen. Warum nicht den Tag mit Freundlichkeit beginnen? Wem könnten wir heute Freude schenken? Freude vitalisiert, steckt an und beschwingt. Einige Minuten Gelächter ersetzen ein ganzes Entspannungstraining.
Raten Sie mal, wie häufig Kinder und wie oft Erwachsene lachen. Kinder lachen etwa zweihundertmal täglich, wir Großen nur – wenn überhaupt – noch zwanzigmal.

Nehmen wir uns vor, dass das anders wird! Wenn wir bemerken, dass die Hintergrundstimmung düster ist, richten wir den Blick betont auf das Freundliche. »Lach mal« … Ein Lächeln in den Augenwinkeln hebt erwiesenermaßen die Stimmung. Es kostet nichts und ist im Überfluss vorhanden.

Mitfreude

In der buddhistischen Lehre gelten die »vier göttlichen Verweilungszustände« Herzenswärme, Mitgefühl, Mitfreude und Gelassenheit als höchste Form der Gefühle, die wir erreichen können. Es sind Geisteszustände, die nicht mehr beeinflusst sind von Gier, Böswilligkeit und Unwissenheit. Je mehr Aufmerksamkeit wir diesen Eigenschaften schenken, umso besser wird es uns ergehen. Mitfreude schenkt uns die Gelegenheit, in das Wohlergehen von anderen mit einzutauchen. Wenn wir uns darüber freuen können, dass unsere Nächsten Glück haben, lacht auch unser eigenes Herz.

Neid oder Eifersucht liegen dann fern. Solche schwierigen Gefühle kommen auf, wenn wir das haben wollen, was die Person besitzt, auf die wir eifersüchtig sind. Mitfreude wünscht dem anderen: Möge dein Wohlergehen wachsen und gedeihen! Mögest du immer mit Glück und Reichtum beschenkt sein!

Übung

MITFREUDE IN SCHWIERIGEN SITUATIONEN ÜBEN

- Wenn Sie auf dem Weg zur Arbeit in öffentlichen Verkehrsmitteln sitzen oder beim Einkaufen anstehen müssen, schauen Sie sich die Menschen um sich herum an. Suchen Sie sich irgendeine Person aus und üben Sie folgenden Gedanken: Wie würde dieser Mensch in seinen besten Lebenssituationen aussehen?
- Stellen Sie sich vor, wie er oder sie mit seinen oder ihren Liebsten Geburtstag feiert, lachend, satt, im Einklang mit sich selbst und voller Freude über die Anwesenheit so vieler Freunde. Sagen Sie innerlich zu diesem Menschen: »Möge dir das geschenkt werden, was du dir am meisten wünschst! Möge dir das geschenkt werden, was dich glücklich macht.«
- Wählen Sie nun ganz bewusst für diese freudige Vorstellung einen Menschen aus, der Ihnen eher schwierig erscheint oder auf den Sie eindeutig mit Abneigung reagieren. Sagen Sie innerlich dieselben Sätze auch zu diesem Menschen. Achten Sie darauf, wie sich Ihre inneren Empfindungen ändern, je länger Sie bei den guten Wünschen für die schwierige Person bleiben. So üben Sie, negative Gefühle durch positive Gedanken auszugleichen.

Kleine Weisheitsgeschichte

DEN SCHLÜSSEL FINDEN

Als die Welt erschaffen wurde, lebten noch alle Menschen bei Gott im Paradies.
Gott wollte aber die Menschen gerne auf die Erde schicken,
die er extra für sie geschaffen hatte. Gemeinsam mit den Engeln überlegte er:
»Was können wir nur tun, damit die Menschen nicht immer zu uns in den Himmel
kommen wollen? Sie sollen doch dort leben, wo sie hingehören.«
Der Erzengel Gabriel sagte: »Wir müssen den Himmel verschließen.«
»Und wo können wir den Schlüssel lassen?«, fragte ein anderer Engel.
»Wir müssen ihn an einem Ort verstecken, wo die Menschen ihn nicht finden.«
Der Engel Michael hatte die Idee, den Schlüssel im tiefsten Meer zu versenken,
doch der liebe Gott meinte: »Ich kenne die Menschen. Da finden sie ihn bestimmt.«
Ein anderer Engel schlug vor: »Dann verstecken wir den Schlüssel
auf dem Gipfel des höchsten Berges.« Der liebe Gott murmelte: »Auch da kommen
die Menschen hin.« Ein ganz pfiffiger Engel sagte: »Wir schießen den Schlüssel
in den Weltraum.« Gott erwiderte: »Sie werden ihn finden.«
Schließlich meldete sich Gabriel noch einmal: »Jetzt weiß ich, was wir machen.
Wir verstecken den Schlüssel zum Himmelreich im Herzen der Menschen.«
Der liebe Gott nickte: »Das ist die beste Idee.
Sie finden ihn eher im Weltraum oder im tiefsten Meer
als in ihrem eigenen Herzen, aber wenn sie ihn dort finden,
dann sollen sie ihn auch benutzen dürfen.«

Die Gedankenwelt bewusst gestalten

Je achtsamer wir werden, umso besser können wir unsere Gefühle und unser Verhalten einschätzen. So, wie wir begütigend ein Kind in den Arm nehmen, das sich gefangen fühlt in den eigenen Trotzreaktionen, können wir auch bei uns selbst durch liebevolle Selbstgespräche Entspannung bewirken. Dabei schauen wir sehr genau hin, um in schwierigen Gefühlssituationen Wohltuendes in die Waagschale zu werfen: Sind Sie gerade geizig, fragen Sie sich, was Sie loslassen könnten. Fühlen Sie sich besonders verärgert, suchen Sie freudige Erfahrungen. Sie halten im Blick, was ausgleichend wirkt, denn Sie wissen: Gleichgewicht tut wohl. Um all das Leid zu mindern, das auf dem Boden von Hass und Gier wächst, lernen Sie die Aufmerksamkeit umzuleiten und den inneren Willen, der von den Wurzelkräften genährt wird, auszudörren. Ihr Bemühen ist ganz darauf ausgerichtet, wohltuende Geisteshaltungen zu kultivieren. Das Gute dabei ist, dass im Buddhismus das Unterlassen von unheilvollen, destruktiven Handlungen bereits als konstruktives Handeln gilt.
Ein Beispiel dafür: Nehmen wir an, Sie hatten gleich abends nach dem Heimkommen einen heftigen Streit mit Ihrer halbwüchsigen Tochter, haben sich aber gerade wieder mit ihr versöhnt und gehen nun in die Küche. Dort wartet jedoch schon ein weiteres Ärgernis auf Sie – die angebrannten und nicht gegessenen Cannelloni im Backofen, die Sie Ihrem Teenager mit so viel Liebe und Mühe als Mittagessen vorbereitet hatten. Wenn es Ihnen jetzt gelingt, nicht wieder spontan loszubrüllen und das bereits vorhandene Wutgefühl nicht weiter zu nähren, tut das sowohl Ihnen als auch Ihrem Kind gut. Indem Sie die wütenden Äußerungen unterlassen, handeln Sie konstruktiv. Buddhistische Psychologie regt dazu an, heilsame Gefühle, die nicht geprägt sind von Verlangen und Böswilligkeit, ausgleichend in die Waagschale zu werfen. Im oben beschriebenen Fall könnte die Mutter denken: Wir haben wohl beide einen anstrengenden Tag gehabt, ein weiterer Streit tut uns sicher nicht gut. Ich erinnere mich lieber, wie dankbar ich bin, ein so lebendiges, fröhliches Kind zu haben.

Konsequenzen verantworten

In alten buddhistischen Geschichten hört man immer wieder von dem Vogelnest-Meister, einem weisen Zenlehrer, der in einer Baumkrone lebte. Eines Tages, so wird erzählt, besuchte ihn ein berühmter Dichter und bat ihn: »Lehre mich die Essenz des Buddhismus.« Der Meister antwortete: »Unterlasse das Üble, tue das Gute, läutere dein Herz.« Daraufhin stöhnte der Dichter: »Dafür bin ich nun den weiten Weg hierher gekommen, um zu hören, was doch jedes Kind weiß.« »So ist es«, sagte der Vogelnest-Meister, »jedes Kind weiß es, aber selbst ein Achtzigjähriger kann es nicht umsetzen.«

Tatsächlich üben wir ein Leben lang, Versuchungen nicht zu erliegen. In meinen Gruppen begegnen mir immer wieder Menschen, die ihrem Partner zuliebe hohe Schulden auf sich genommen haben und auch nach der Trennung von ihm noch jahrelang dafür geradestehen müssen. »Ich habe doch aus guter Absicht heraus gehandelt«, sagen sie und erkennen viel zu spät, dass sie in Wahrheit nur Ja gesagt haben, weil sie Angst hatten, den anderen zu verlieren, wenn sie die Bürgschaft verweigern. Aus buddhistischer Sicht war nicht Mitgefühl oder Großzügigkeit der Ursprung ihres Handelns, sondern Verlangen und Anhaftung – das konnte keine glücklichen Folgen haben. Interessanterweise gibt es im Buddhismus keine strafende Instanz, keinen zornigen Gott, kein Jüngstes Gericht. Es wird auch kein schlechtes Gewissen erzeugt, denn es ist glasklar, dass jeder die Folgen seines eigenen Handelns tragen muss. Wenn etwas Schwerwiegendes geschieht, ist es keine Strafe; wenn etwas Positives geschieht, ist es keine Belohnung – genauso wenig, wie der Apfel die Strafe oder die Belohnung für den Samen ist. *Im Buddhismus ist Moral nicht auf Angst vor Strafe gegründet, sondern darauf, die Verantwortung für das eigene Wohlergehen zu tragen.* Je mehr wir das »Gesetz von den Ursachen und Wirkungen unseres Handelns« verstehen, desto bewusster werden wir darauf einwirken, heilsame Samen zu säen und destruktives Handeln zu unterlassen. Wir erkennen, dass unser alltägliches Tun der Baustein für unser Lebensglück ist.

Kern-Übung

ROUTINETÄTIGKEITEN ACHTSAM AUSFÜHREN

Das regelmäßige Innehalten ist und bleibt alltägliche Praxis, die wir lebendig gestalten, indem wir immer wieder neue Aspekte einbeziehen und verschiedene Perspektiven hinsichtlich unserer Erfahrung im Hier und Jetzt einnehmen.
Da es besonders leicht ist, sich in der Routine des Alltags in Gedanken zu verlieren, machen Sie es sich zur Aufgabe, für eine Woche täglich das Innehalten auf folgende Weise zu üben:

- Fragen Sie sich, welche wiederkehrenden Handlungen im Alltag Sie in der kommenden Woche mit erhöhter Achtsamkeit vollziehen könnten. Hier sind ein paar Vorschläge: abwaschen, Zähne putzen, Schuhe putzen, fegen, Müll hinaustragen Wählen Sie eine Tätigkeit aus.
- Wenn Sie nun morgens zum Tagesbeginn Ihr Innehalten üben, nehmen Sie sich fest vor, im Tagesablauf diese wiederkehrende Tätigkeit ganz besonders achtsam zu erfahren. Wenn Sie sich zum Beispiel »aufmerksames Teetrinken« vorgenommen haben, dann nehmen Sie Folgendes wahr: In welcher Körperhaltung greifen Sie zur Tasse, wie fühlt sich die Bewegung zur Tasse hin im Arm an, wie wirkt sich das Gewicht der Tasse auf die Empfindungen im Arm aus, wie spüren Sie die Berührung der Tasse an den Lippen? Wenn Sie besonders langsam einen Schluck nehmen, was spüren Sie dabei im Mund, was riechen Sie, was schmecken Sie? Woher kommt der Impuls, die Tasse zurückzustellen? Wohin geht die Aufmerksamkeit, wenn die Tasse neben Ihnen auf dem Tisch steht? Versuchen Sie, für zwei, drei Minuten mit allen Sinnen sehr genau wahrzunehmen.

Eine achtsame Anwesenheit in allen Momenten des Tages will ständig neu angeregt werden. In der Wiederholung verlieren und vergessen wir uns am schnellsten, aber wir können uns auch genau dort am intensivsten erkennen, denn Meisterschaft zeigt sich in dem Zusammenspiel von Routine, das heißt vollendeter Fingerfertigkeit, und bewusster Lebendigkeit.

Wohltuende Gefühle wecken

Unvollkommenheit annehmen

Indem wir unsere Aufmerksamkeit bewusst ausrichten, können wir positive Gefühle in uns wecken, die sich bisher nur selten oder noch gar nicht gezeigt haben. In diesem Kapitel üben wir nicht mehr, nur Leid schaffende Gefühle auszugleichen, sondern ganz bewusst in uns Emotionen zu nähren, die uns inneren Reichtum schenken. Wir lernen die siebte kostbare Eigenschaft Gelassenheit kennen und wenden unsere Aufmerksamkeit der Vergebung und der Selbstliebe zu, damit wir eines Tages weise handeln können.

Roberto de Vicenzo, ein berühmter argentinischer Golfspieler, hatte wieder einmal ein Turnier gewonnen und eine hohe Prämie kassiert. Nach einer ausgelassenen Feier im Clubhaus war er gerade auf dem Parkplatz dabei, sein Equipment im Auto zu verstauen, als eine junge Frau auf ihn zukam. Sie gratulierte ihm zu seinem Sieg und verwickelte ihn in ein Gespräch. Dabei beklagte sie ihre Armut, ihr Leben in einem Elendsviertel. »Und zu all dem habe ich jetzt auch noch ein schwer krankes Kind daheim. Wenn ich keine Möglichkeit finde, es im Krankenhaus behandeln zu lassen, wird es sterben.« De Vincenzo zog erschüttert seinen Sieger-Scheck aus der Brieftasche und überreichte ihn der Frau mit den Worten: »Hier! Lass es dir und deinem Baby damit gut gehen!« Eine Woche später, bei einem Mittagessen mit Geschäftsfreunden, traf er einen der Golf-Turniermanager, der ihm sagte: »Die Jungs vom Parkplatz haben mir letzte Woche erzählt, du hättest dort nach deinem Sieg eine junge Frau getroffen.« De Vincenzo nickte zustimmend. »Hm…«, meinte der Manager, »schlechte Nachrichten, die Frau, der du das Geld geschenkt hast, ist eine Betrügerin, sie hat gar kein Baby, sie hat dich an der Nase herumgeführt.« »Soll das heißen, dass es gar kein Baby gibt, das im Sterben liegt?«, fragte de Vicenzo überrascht. Und als der Manager bejahte, antwortete er: »Das ist die beste Nachricht, die ich in dieser ganzen Woche gehört habe!«

Sich und anderen Vergebung schenken

Ob wir bei einer Nachricht aufbrausen oder großzügige Nonchalance bewahren, ob ein Gefühl uns mitreißt oder wir ein cooles Lächeln aufsetzen, das ist individuell sehr verschieden. Viel hängt davon ab, in welcher Stimmung wir uns gerade befinden. Sind wir eh schon schlecht gelaunt, wird zum Beispiel Wut viel schneller entfacht, als wenn es uns gerade rundum gut geht. Doch ebenso wichtig ist, was wir im Heranwachsen über unsere Emotionen gelernt haben. Wenn wir etwa mit der Familienregel aufgewachsen sind, dass man Wut nicht zeigen darf, werden wir in der Öffentlichkeit eine kühle Fassade aufrechterhalten, während es innerlich brodelt. Ganz gleich, ob der erlernte Umgang mit Gefühlen uns guttut oder ob wir unsere gewohnten Verhaltensweisen auf den Prüfstand stellen und ändern möchten – *es liegt in unserer Macht, womit wir uns im Geist beschäftigen.*

Ebenso wie der Körper bei guter Nahrung und Pflege gedeiht, entwickelt auch der Geist seine besten Eigenschaften, wenn wir sorgfältig auswählen, wohin wir unsere Aufmerkamkeit lenken. Statt uns ständig darauf zu konzentrieren, was nicht funktioniert, können wir ganz bewusst unser Interesse auf Qualitäten lenken, die wir gerne hätten. Wir können gezielt üben, gute Absichten in die Welt zu setzen. Statt uns ständig Gedanken darüber zu machen, wie wir unangenehme Emotionen vermeiden können, investieren wir lieber Zeit und Aufmerksamkeit, um ganz bewusst angenehme und heilsame Gefühle zu entfalten.

Eines der wohltuendsten Gefühle ist Vergebung, wie ich einmal in einer langen Schweigemeditationszeit erfahren durfte. Eine heiße Welle von Vergebung rollte durch meinen Körper und mein ganzes Sein und schenkte mir eine Dimension von Staunen und Glück, die ich mir nie hätte vorstellen können. Seitdem empfinde ich eine ganz besondere Hochachtung für diese wunderbare menschliche Kraft. In jener Vergebungswelle erinnerte ich mich an all die Momente in meinem Leben, in denen ich Fehler begangen hatte. Ich sah vor meinem geistigen Auge, wie ich meine Eltern in meiner Jugendzeit vor den Kopf gestoßen, wie ich mit nachlässigen Worten und Unzuverlässigkeit nahen Freunden und Geliebten Kummer und Enttäuschung zugefügt hatte. Vergebung ist ein Prozess, der Zeit braucht und nicht eingefordert werden kann. Aber wir können üben, uns für Vergebung zu öffnen. Dieser Erinnerungsreigen zeigte mir meine eigene Verletzlichkeit und zugleich meine Unvollkommenheit auf. Ich war zutiefst verwundert darüber, dass irgendwo ganz tief in meinem Bewusstsein die Erinnerungen an meine eigenen Verfehlungen so fein säuberlich aufbewahrt wurden. Und nun, in dieser Phase höchster innerer Sammlung, lösten sich meine Scham, mein Mich-verstecken-Wollen im wohltuenden Bad der Vergebung auf.

Verzeihen heißt, großzügig mit sich selbst sein

Mit anderen Menschen im Konflikt zu stehen und dabei an die eigenen Grenzen zu stoßen ist sehr schwer auszuhalten. Aber mindestens ebenso herausfordernd, wenn nicht noch schwieriger, ist es, sich selbst zu vergeben. Es gibt im Leben immer wieder Situationen, wo wir uns so unmöglich verhalten, dass wir im Nachhinein fassungslos, ja entsetzt über uns sind. Wir möchten uns ohrfeigen, vor uns selbst davonlaufen. Statt jedoch unsere unangenehmen Seiten zu verdrängen und diesen Anteil in uns abzuspalten, müssen wir lernen, auch mit diesen Seiten zu leben. Gerade da, wo wir uns nicht leiden können, brauchen wir bei genauem Hinschauen besonders viel Mitgefühl und Vergebung für uns selbst.

Sich zu verzeihen ist für viele eine Herausforderung, weil wir mit uns selbst am härtesten ins Gericht gehen. Je höher unser innerer Kritiker die Leistungserwartungen schraubt, umso beschämter sind wir über das eigene Versagen. Wie können wir uns verzeihen, dass wir unsere Werte mit Füßen treten, wenn wir wieder einmal Schulden nicht bezahlen, den Arbeitgeber in der Stundenabrechnung betrügen und uns mit einer Lüge herausreden? Unser Selbstwertgefühl leidet erheblich, wenn wir den versprochenen Rückruf versäumen, zum x-ten Mal eine Verabredung nicht einhalten und die Enttäuschung im Gesicht unseres Kindes oder Partners sehen. Die Schimpfkanonade, die wir im Geiste gegen uns selbst ablassen, sind wir schon so gewohnt, dass wir gar nicht mehr wahrnehmen, wie gnadenlos wir uns dabei niedermachen. Würde uns jemand über einen Lautsprecher vorspielen, was wir uns alles an den Kopf werfen, wären wir vermutlich darüber erschrocken, wie schroff wir mit uns umgehen. Wir mögen uns doch selbst nicht, wenn wir die guten Seiten in uns verraten! In dieser Situation können wir nur versuchen, uns für den Schmerz im eigenen Herzen zu öffnen und zu uns selbst sagen: »Ich möchte üben, mir zu verzeihen.« Vergebung ist nicht nur mit der Liebe verwandt, sondern auch mit Geduld, Großzügigkeit und Akzeptanz. All diese Qualitäten gehören zur Familie der heilsamen Gefühle, nach denen wir uns sehnen.

Übung

SICH UND ANDEREN VERZEIHEN

Schenken Sie sich zunächst selbst eine Woche des Verzeihens! Es ist ein Training in Offenheit und Liebe, im Annehmen der eigenen Unvollkommenheit. Die gleiche Übung können Sie in der darauffolgenden Woche leicht abwandeln, um nun vergebende Akzeptanz gegenüber Ihrer Umwelt zu üben. Sich selbst und anderen zu verzeihen geht Hand in Hand. Wenn es für Sie leichter sein sollte, anders zu beginnen, können Sie gerne die Reihenfolge ändern.

SICH SELBST VERZEIHEN

- Schauen Sie sich am Morgen ganz bewusst freundlich im Spiegel an und sagen Sie mehrfach im Stillen zu sich selbst mit einer inneren Stimme, der Sie Glauben schenken können: »Ich möchte heute üben, mir selbst zu verzeihen.«
- Dann behalten Sie diesen Satz im Geist und sprechen ihn im Laufe des Tages immer wieder, wenn er Ihnen gerade einfällt, zu sich selbst. Spüren Sie dabei die Wirkung im Körper, im Herzen, im Geist.
- Wenn Sie nach einer Woche das Gefühl haben, das sei zu gut, um damit aufzuhören, dann machen Sie weiter, solange es Ihnen Freude bereitet.

ANDEREN VERZEIHEN

- Rücken Sie für eine Woche in jeder Begegnung das Thema Vergebung in den Vordergrund und nehmen Sie wahr, wie es Ihnen dabei ergeht. Vergebung ist in Beziehungen ein Ausdruck von Großzügigkeit und Herzenswärme. Im Vergeben und Verzeihen bedeutet die Verbindung zum anderen mehr als die persönliche Verletzung. Sprechen Sie ganz leise im Geiste: »Ich möchte üben, dir zu verzeihen« oder auch einfach: »Ich verzeihe dir«, ganz gleich, wie sich die Person verhält, ob Sie einander kennen oder nicht.
- Spüren Sie, bei wem sich Ihr Herz zusammenzieht und wann es sich ausdehnt, und bewerten Sie keine dieser inneren Bewegungen.

Mitgefühl entstehen lassen

Wenn wir achtsam die Details unserer inneren Welt erkunden, geht es nicht nur um unser eigenes Glück, sondern letztlich auch darum, durch Selbsterkenntnis ein friedlicheres Miteinander zu ermöglichen. Die wachsende Liebe zum eigenen Selbst bestärkt auf natürliche Weise den Wunsch, auch anderen Gutes zu tun. Wer die eigenen Schwächen und Fehler nicht wegwischen muss, kann auch in der Gesellschaft sein Herz für diejenigen offen halten, die am Rande stehen.

Je mehr wir uns in unserer eigenen Unvollkommenheit erkennen, desto mitfühlender werden wir mit anderen, wenn sie uns ihre Leidensmuster offenbaren. Ganz selbstverständlich schenken wir ihnen dann die liebevolle Akzeptanz, die wir selbst in einer ähnlichen Lage ersehnen.

Was uns von anderen Menschen trennt, sind Erwartungen, Konzepte oder Vorstellungen davon, wie sie sein sollten. Indem wir uns auf das Gute in uns und in anderen Menschen konzentrieren, bildet sich Mitgefühl. Wir tun nicht so, als gäbe es die schlechten Eigenschaften nicht. Wir sehen sie, doch ohne uns darin festzubeißen, ohne sie zu zerpflücken. Das Verständnis für die Unvollkommenheit in uns selbst und anderen erlaubt uns, Fehler zu verzeihen. So reifen ganz natürlich positive und liebevolle Gefühle in uns.

Hinwendung zum eigenen Leiden

In allen Religionen erfährt Mitgefühl höchste Wertschätzung. Im Christentum wird es als Barmherzigkeit oder Erbarmen bezeichnet. Mitgefühl ist die Fähigkeit eines liebevollen Herzens, zum Leid der anderen Verbindung aufzunehmen, den Schmerz zu verstehen und allen Wesen zu wünschen, dass sie frei von Kummer und Schmerzen leben können. Dabei fällt es vielen Menschen leichter, Mitgefühl für andere zu zeigen als für sich selbst. Wir reagieren auf unseren eigenen Schmerz meist wenig mitfühlend, sondern mit Angst, Kontraktion und Abwehr. Der Schmerz soll nur schnell aufhören. Manche empfinden Schmerz als Strafe oder Kränkung und werden deshalb depressiv oder wütend. Mitgefühl für sich selbst zu üben bedeutet, die vertrauten Schmerz-Abwehrmuster aufzulockern und sich der tatsächlichen Erfahrung des eigenen Leidens zuzuwenden, das heißt, verstehen zu wollen, was der Schmerz zu sagen hat. Gerade wenn wir uns schutzbedürftig fühlen, sollten wir uns selbst nicht auch noch im Stich lassen.

Je mehr wir erkennen, dass ein Zusammenhang besteht zwischen der Leugnung des eigenen Schmerzes und der Tendenz, anderen Leid zuzufügen, umso dringlicher wird es, dem eigenen Schmerz mitfühlend zu begegnen.

Selbstliebe lernen

Ich wünschte, in unseren Schulen könnte Herzensbildung auf dem Lehrplan stehen! Stellen Sie sich vor, Ihr Kind würde von der Schule heimkommen und berichten: »Heute haben wir geübt, mit unserem Herzen zu sprechen. Jeder hat sein Herz gefragt, ob es Kummer hat, woran es leidet und was er tun kann, damit es sich besser fühlt. Mein Herz wünscht sich, dass ich jeden Tag mit ihm spreche. Unsere Lehrerin meinte, je besser wir unser eigenes Herz verstehen, umso einfacher ist es, auch bei völlig fremden Menschen Mitgefühl zu empfinden. Und später, in der Oberstufe, üben wir die tibetische Tonglen-Praxis, da nimmt man in der eigenen Vorstellung mit jedem einzelnen Atemzug das Leiden anderer Wesen wie eine dunkle Rauchwolke in sich auf und atmet es danach als Licht, Liebe und Mitgefühl wieder aus.«

Nicht umsonst heißt es in allen spirituellen Lehrsystemen: Selbstliebe zu lernen ist die zentrale Aufgabe. Je genauer wir uns selbst erkennen, desto deutlicher wird, dass wir alles in uns tragen, die Grausamkeit und das Mitgefühl, den Neid und die Mitfreude. Die dunklen Seiten, die uns bei anderen Angst einjagen, bringen uns auch im Umgang mit uns selbst zum Fürchten. Auf der beiliegenden CD bekommen Sie mit der Meditation »Das wunderbare Wesen« konkrete Anregungen, wie Sie mehr Selbstliebe entwickeln können.

Übung

MITGEFÜHL FÜR SICH SELBST ÜBEN

Sorgen Sie dafür, dass Sie zwanzig Minuten vollkommen ungestört sein können. Nehmen Sie eine entspannte Körperhaltung ein und schließen Sie die Augen.

- Spüren Sie den Druck des Körpers auf der Unterlage, die Bewegung von Bauchdecke und Brustkorb im Atemrhythmus? Wandern Sie für zwei, drei Minuten durch den Körper und benennen Sie innerlich Ihre Körperempfindungen.
- Wie geht es Ihrem Herzen? Beschreiben Sie für sich selbst etwa zwei, drei Minuten lang mit wenigen klaren Worten, wie es Ihnen psychisch geht.
- Nachdem Sie nun Ihr körperliches und psychisches Befinden erkundet haben, lassen Sie es so stehen und wenden Ihre Aufmerksamkeit auf den einen Satz, den Sie innerlich zu sich selbst sprechen möchten, um Mitgefühl für sich selbst zu üben. Probieren Sie erst einmal aus, mit welcher Formulierung Sie am besten zurechtkommen. Sagen Sie zu sich selbst: »Möge ich Mitgefühl für mein Leiden empfinden.« Oder: »Ich lasse mich von meinem Schmerz berühren.«
- Wenn Sie sich für eine dieser Versionen entschieden haben, wiederholen Sie – mit Zwischenpausen – für die restliche Zeit im Stillen diesen einen Satz. Spüren Sie dabei, ob Gefühle aufsteigen, ob sich etwas im Körper regt.
- Wiederholen Sie diese Mitgefühls-Meditation über einen Zeitraum von mehreren Wochen, damit Sie Ihnen ganz selbstverständlich wird,

Das Leiden von anderen mildern

Der amerikanische Chirurg Richard Selzer schreibt in seinem Buch »Mortal Lessons«, dass er eines Tages einer jungen Diabetikerin ein Bein amputieren musste. Sie konnte das große, schwarze Geschwür auf ihrem Fußknöchel nicht sehen, das drohte, sich auf den Rest des Körpers auszubreiten, denn sie war blind. Während die Anästhesistin im Operationssaal mit der Narkose beschäftigt war, legte er das Bein zur Amputation frei. Dabei entdeckt er, dass die blinde Patientin mit Filzstift auf ihre Kniescheibe etwas gezeichnet hatte: einen Kreis mit zwei Ohren, zwei Augen, einer Nase und einem lachenden Mund. Und darunter hatte sie geschrieben: »Lächeln, Herr Doktor!« Mitgefühl findet seinen ganz eigenen Weg, wenn es von Herzen kommt. Es sieht, wie der andere leidet, und wünscht: »Mögest du frei sein von Kummer und Leid – möge dein Leiden geheilt werden.«

Heilsame Dankbarkeit

Viele Menschen lieben das Reisen. Sie genießen es, täglich so viel Neues zu sehen und Kontakt zu Menschen zu finden, die sie vorher nicht kannten und wahrscheinlich auch nicht wieder sehen werden. Das Reisen öffnet den Blick für die alltäglichen Wunder des Daseins. Die unendliche Vielfalt der Natur berührt den Reisenden. »Schau nur!«, ruft man sich zu bei den überwältigenden Landschaften, den unbekannten Tieren und Pflanzen. Ich habe die Erfahrung gemacht, dass es sehr aufweckend wirken kann, Touristen durch meine Heimatstadt zu führen. Wenn ich mit ihren Augen Hamburg erforsche, erscheint mir meine vertraute Welt plötzlich staunenswert. Ich gehe in Gebäude, an denen ich bisher achtlos vorübergefahren bin, und freue mich mit den Freunden aus dem Ausland an der Vielfalt, die mich umgibt.

»Dankbarkeit ist eine äußerst wichtige spirituelle Quelle,
die wir entwickeln können.«

Godwin Samararatne

Kleine Weisheitsgeschichte

FUCHS UND TIGER

Ein Mann wanderte durch einen Wald und sah einen Fuchs,
der offenbar in einer Falle beide Vorderläufe verloren hatte.
»Wie kann das Tier nur überleben?«, fragte sich der Mann
und sah einen Tiger herbeikommen.
Das Raubtier trug Beute im Maul, fraß einen Teil davon
und reichte den Rest an den Fuchs weiter.
Am nächsten Tag wiederholte sich diese wundersame Fütterung.
»Ist das Leben nicht voller Wunder?«, dachte der Mann.
»Ich sollte viel mehr Vertrauen in die himmlischen Mächte haben,
mich einfach in eine Ecke hocken und auch davon ausgehen,
dass ich genau das bekomme, was ich brauche.«
Genau das tat er fortan. Aber nichts geschah.
Als er kurz vor dem Verhungern war,
hörte er eine Stimme zu sich sprechen:
»He du, der dort auf dem Pfad des Irrtums wandelt.
Öffne deine Augen für die Wirklichkeit und hör auf damit,
den behinderten Fuchs nachzuahmen –
nimm dir lieber ein Beispiel an dem Tiger.«

Mit ständig wachsender Achtsamkeit erscheint uns der Alltag immer wieder neu. All dem, was zuvor selbstverständlich schien, begegnen wir nun mit Wertschätzung. Die Achtsamkeit macht uns auch das unaufhörliche Entstehen und Vergehen aller Erfahrungen schmerzhaft deutlich. Wir verstehen, dass wir nur im Jetzt die Fülle des Lebens ermessen können. Dankbar nehmen wir auf, was wir an Sinnesreizen geschenkt bekommen. Es geht gar nicht mehr darum, dass sich Wünsche erfüllen müssen. Der Blick richtet sich nicht auf das, was fehlt, sondern auf das, was alles da ist. Und zuweilen freuen wir uns einfach an der Erkenntnis, dass wir gerade keine Zahnschmerzen haben, dass wir jetzt satt sind, ein Dach über dem Kopf haben und unsere Meinung frei äußern können. Mit Dankbarkeit erkennen wir unseren Wohlstand. Wenn wir genau wüssten, wann wir sterben müssten, würden wir wahrscheinlich vieles ganz anders erleben. Vielleicht würden wir dann mit mehr Wertschätzung die Einzigartigkeit unseres Daseins erkennen. Mit Achtsamkeit rufen wir uns das von Zeit zu Zeit ins Bewusstsein. Dankbarkeit ist wie eine besondere Brille, die Welt ändert sich nicht, aber der Blick, mit dem wir sie betrachten.

Kern-Übung

DANKBARKEIT WAHRNEHMEN

Das Innehalten im Laufe des Tages haben Sie nun schon vielfach geübt. Mit der folgenden Übung können Sie es wieder durch eine neue Geste bereichern. Dafür brauchen Sie Kleidung mit zwei Taschen, die Sie den ganzen Tag lang tragen, und eine Handvoll Trockenerbsen.

- Stecken Sie sich am Morgen alle Erbsen in die linke Tasche Ihrer Jacke oder Hose. »Wenn das einzige Gebet, das du in deinem ganzen Leben sprichst, ›Danke‹ lautete, dann wäre das genug«, schrieb Meister Eckhardt.
- Inspiriert von diesem Hinweis des alten Mystikers gehen Sie nun durch den Tag und sagen Danke! Für jedes Dankeschön wechselt eine Erbse von der linken Tasche in die rechte Tasche.
- Bevor Sie schlafen gehen, leeren Sie die Tasche aus. Erinnern Sie sich nun Erbse für Erbse, bei welchem Anlass sie von der linken in die rechte Tasche wechselte.
- Vertiefen Sie Ihre Dankbarkeit, indem Sie an mehreren Tagen nacheinander diese Übung machen. Besonders in schweren Lebenszeiten, wenn Sie unter einer Krankheit oder einem Verlust leiden, kann diese Übung sehr wohltuend wirken.

Die siebte kostbare Eigenschaft: Gelassenheit

Zur Erinnerung: Es gibt sieben kostbare Eigenschaften. Eine, die in allen enthalten ist – die Achtsamkeit –, drei anregend wirkende und drei beruhigende. Die letzte der drei beruhigenden Eigenschaften heißt Gelassenheit. Emotionale Gelassenheit geht einher mit innerer Entspannung. Gelassenheit ist aber keine Dickfelligkeit, sondern vielmehr eine Form des In-sich-selbst-Ruhens, eine geistige Besonnenheit oder eine Art, den inneren Überblick zu bewahren. Gelassenheit nennen wir im Buddhismus auch Gleichmut, was keinesfalls Gleichgültigkeit bedeutet, denn darin versteckt sich Aversion. Gleichmut dagegen nimmt alles an wie ein Berg, wie Mutter Erde, die sich nicht auflehnt und auch nicht verweigert, sondern in unerschütterlicher Stabilität verweilt. Wenn Sie in aller Gelassenheit rundum achtsam und anwesend sind, fühlen Sie sich frei von Verlangen und Aversion. Sie engagieren sich, ohne auf Ergebnisse fixiert zu sein. Gelassenheit übt sich in ausgewogenen Gefühlen gegenüber allen Lebewesen, nährt keine Sorgen und auch keine Faszination.

Wenn sich der Geist zu sehr auf sinnliche Genüsse ausrichtet, entsteht Erregung, die wir zuweilen mit Glücklichsein verwechseln, doch sie kann uns keine tiefe, friedvolle Ruhe schenken. Wenn es uns aber gelingt, unser Herz trotz aller Widrigkeiten offen zu halten, Herzensgröße zu zeigen und unerschütterliche Stabilität zu vermitteln, dann sind wir wahrlich gelassen.

Grundgefühl Trauer

Mit den kleinen Verlusten im Alltag können wir vielleicht schon gelassen umgehen, doch wie fordert uns der Tod heraus, dieser jederzeit mögliche, vollkommen unvorstellbare Eingriff in unser Dasein, der jeden Menschen an seine Grenze führt?

Trotz aller Lebenserfahrung habe ich mich im Umgang mit dem Tod lange Zeit unwohl gefühlt. Wie sollte ich die Nächsten trösten, welche Worte mochten helfen?

Erst als ich selbst durch schwere Verluste mit meinen eigenen Verlassenheitsgefühlen konfrontiert wurde, fühlte ich mich offen und erfahren genug, meine tröstende Hand auszustrecken. Die Trauer hat mich weich geklopft, mich bescheiden gestimmt.

Als meine beiden Eltern kurz nacheinander starben, hatte ich zum Glück meine Schwester, mit der ich gemeinsam durch die Zeit des Abschiednehmens gehen konnte. Wir haben uns an der Aufbahrung aktiv beteiligt und uns hinterher gegenseitig erzählt, in welcher Phase der Trauer wir uns gerade befanden – manchmal war das sehr unterschiedlich, manchmal ganz ähnlich. An vielen Tagen fühlte ich mich taub

und handlungsunfähig, wie festgefahren. Besser ging es mir, wenn die Bilder meiner Eltern vor meinem inneren Auge auftauchten und ich weinen konnte, denn mit den Tränen kam auch das Gefühl des Loslassens.
Trauer nimmt – ebenso wie alle anderen Gefühle – einen sehr individuellen Verlauf, und wir haben auch bei diesem Gefühl die Möglichkeit, es zu verdrängen, daran zu haften oder es auf kluge Weise loszulassen. Mich haben die folgenden Worte von Rilke in der Zeit der Trauer getröstet: »Wenn etwas von uns fortgenommen wird, womit wir tief und wunderbar zusammenhängen, so ist viel von uns selber mit fortgenommen. Gott aber will, dass wir uns wieder finden, reicher um alles Verlorene und vermehrt um jenen unendlichen Schmerz.«

Trauer ist ein Heilungsprozess

Niemand kann uns sagen, wie lange Trauer andauern darf oder welche Art zu trauern die »richtige« ist, denn Trauer ist ein Heilungsprozess, der von vielen Bedingungen abhängt. So wie unser Körper nach einer Verletzung Zeit zum Genesen braucht, müssen wir uns auch nach einem Trennungsprozess viel Raum für die seelische Heilung geben. Manche Menschen brauchen lange, um den ersten Schock zu überwinden, und sich für das Gefühl des Verlustes, für den endgültigen Abschied zu öffnen. Manche erkennen auch gar nicht, dass sie trauern, sie nennen ihr Gefühl »Depression«, vielleicht weil die Trauer in unserer schnelllebigen Zeit so wenig Platz findet. Ich vermute, dass der dramatische Anstieg von Depressionen mit der Unfähigkeit zu tun hat, gefühlsmäßig von dem Abschied zu nehmen, was uns so sehr am Herzen liegt. Irgendwie scheint lautes Klagen nicht erlaubt zu sein. Wir schlucken unseren Schmerz stumm hinunter. Wie oft mangelt es an Zuhörern und Trost, wenn wir durch Trennungen und Scheidungen gehen!
Es gibt so viele Formen der Vergänglichkeit und des Abschiednehmens, die uns seelisch aufwühlen. Umzüge, zerbrochene Freundschaften, gescheiterte Beziehungen, der Tod eines Haustiers, der unerwartete Verlust des Arbeitsplatzes, der Abschied von den erwachsenen Kindern, Krankheit, Alter und Gebrechlichkeit – all das will betrau-

ert werden. Wenn es uns schwerfällt, mit Verlusten umzugehen, wenn wir dazu neigen, die Trauer zu verdrängen, sammelt sie sich in uns und kann eines Tages massiv unter anderem als Depression zum Vorschein kommen, für die wir erst einmal gar kein Heilmittel mehr finden. Schon vor Jahrhunderten schrieb der Dichter Rumi: *»Schrei laut! Sei deinem Schmerz gegenüber nicht stumpf und still. Klage! Und lass die Milch des Liebens in dich einströmen.«*

Umgang mit der Trauer

Die Trennung von für uns wichtigen Menschen, der Tod eines Angehörigen oder der Verlust des Arbeitsplatzes, des Ansehens in der Gemeinschaft, all das bewirkt eine starke seelische Erschütterung. Es geht auch hier darum, unsere eigene Reaktion auf das Gefühl der Trauer wahrzunehmen. Wenn wir dieses schwierige Gefühl unterdrücken und verleugnen, zeigt es sich mit ziemlicher Sicherheit später in körperlichen und/oder seelischen Störungen.

Manche erzählen sich auch immer wieder dieselbe Geschichte zu ihrem Trauergefühl und steigern sich dadurch tiefer in die Verzweiflung hinein. Diese Geschichte ist Ausdruck ihrer Interpretation der Ereignisse. Es liegt in unserer Hand, wie wir die schwierigen Gefühle in uns bewerten! Erst durch diese Bewertung geraten wir in Verzweiflung. Wir hören uns vielleicht im Inneren sagen: »Das ist für mich einfach unerträglich, nie wieder werde ich unbeschwert leben können.« Oder: »Ich verstehe nicht, warum gerade mir das passieren muss, ich habe mir doch alle Mühe gegeben – aber anscheinend bin ich ein Versager, ungeeignet für Beziehungen.« Negative Gedanken türmen sich übereinander und vergiften uns innerlich. Was früher mit Leichtigkeit erledigt wurde, liegt nun wie ein Berg vor uns. Wir fühlen uns gefangen in der eigenen Lebenssituation und kommen aus der Verzweiflung kaum mehr heraus.

In dieser Situation ist es wichtig, dass wir uns Hilfe holen. Um zu verstehen, wie wir in diesen tiefen Kummer geraten konnten, sollten wir uns die Zeit nehmen, den gesamten Prozess und somit auch unser Dazutun mit einem Psychotherapeuten oder einer -therapeutin nachzuvollziehen. Das eigene Wissen und Verstehen der psy-

chischen Dynamik kann gar nicht tief genug reichen. Wir haben selbst das größte Interesse daran, ein Leben zu führen, mit dem wir rundum zufrieden sein können, deshalb ist es wichtig, für unser Seelenwohl hundertprozentig die Verantwortung zu übernehmen und alles dafür zu tun, dass es uns gut ergeht.

Achtsame Lebensgestaltung

Ziel dieses Buches war, Ihnen viele Anregungen für einen lebendigen und verständnisvollen Umgang mit den eigenen Emotionen zu geben. Leider ist ein achtsamer Lebensstil nicht so schnell und so leicht in die Tat umzusetzen wie das Lesen dieses Buches. Achtsames Wahrnehmen braucht immer wieder frische Inspiration und muss ständig neu zum Leben erweckt werden. Buddha hat am Schluss vieler Lehrreden darauf hingewiesen, wie wichtig es ist, sich mit Freunden zu umgeben, die ähnliche Lebensformen anstreben wie wir. Suchen Sie sich Menschen, die Ihre Bemühungen respektieren und unterstützen möchten. Menschen, mit denen Sie über Ihre Erfahrungen sprechen können, die sich für Ihre Herzensbelange interessieren und gemeinsam mit Ihnen forschen möchten, wohin der innere Weg führen kann.

Alle, die sich auf dem spirituellen Weg befinden, müssen sich immer wieder durch das Nadelöhr der Gefühle hindurchschlängeln, um zur inneren Freiheit zu gelangen. Solange wir noch von Gefühlen verwirrt und mitgerissen werden, gibt es etwas zu lernen. Der Unterschied zwischen erwachtem und unwissendem Geist zeigt sich im Umgang mit den Emotionen. Dabei geht es nicht darum, die Gefühle loszuwerden! Auch die weisen Meister erleben immerzu deren ganze Vielfalt, aber sie lassen sich nicht von ihren Gefühlen regieren. Ihr Geist trägt wie ein stabiles Gefäß in ruhiger Gelassenheit das innere Auf und Ab.

Wer die sieben Faktoren des Erwachens immer wieder aktiv in sein Leben einbringt, der kann am Ende Weisheit ernten. Weise nehmen das Leben, wie es ist. Sie können es in seiner ganzen Widersprüchlichkeit und Vergänglichkeit, in seinem Schmerz und seinen Freuden bedingungslos umarmen. Weise suchen das Gleichmaß, die Mitte. Darin verankert, dehnen sie sich in die Welt hinaus, schillernd schön, weil aus jeder Pore ein Ja zum Leben ausströmt.

Es gibt keine Vorschriften

Ich erlebe es als eine Wohltat, dass die buddhistische Philosophie mir keine Vorschriften macht. Buddhistisch orientierte Lebenskunst beruht auf Erfahrung. Man muss nichts glauben und keine Ideale erfüllen. Es geht nur darum, das Leben zu verstehen und anzunehmen, so wie es jetzt ist, und sich dabei achtsam und warmherzig zu verhalten. Buddhistische Meister und Lehrerinnen verkünden im besten Fall nur das, was sie selbst erlebt haben. Sie durchdringen Buddhas Worte mit ihrer eigenen Inspiration. Ihre Lebensperspektiven geben uns Orientierungspunkte, aus denen wir unser eigenes Verständnis, unsere persönliche Weisheit ableiten können. Als Ausgangspunkt wird unser Verlangen nach Glück gewählt. Das Glücklichsein ist der Anreiz, uns auf den Weg der Achtsamkeit einzulassen. Mir erscheint mittlerweile das Glück eher nebensächlich. Ehrlich gesagt: Ich bin nicht andauernd glücklich und ich möchte auch nicht mehr länger dem Glück hinterherjagen. Ich fühle mich – wie der Schweizer Priester Pierre Stutz so treffend sagt – »verwundet und aufgehoben«. Jeden Tag mache ich neue Fehler, glaube, dass es nur mir so geht, und lasse mich dann wieder eines Besseren belehren – es ist Ausdruck unserer Menschlichkeit, dass wir voller Gegensätze stecken und unvollkommen sind.

Das Glücksideal verabschieden

In unserer Zeit wird das Glücklichsein schon beinahe zum sozialen Status erhoben. Wir schämen uns, wenn wir nicht bei guter Laune sind, wenn unser Leben nicht einer einzigen Party gleicht. Alle, die nicht ständig glücklich sind, haben so einen Grund, sich als Versager zu erleben. Dadurch wird das Gefühl der Entfremdung und des Alleingelassenseins vergrößert. »Ich habe es nicht geschafft, zu genügen, ich erfülle nicht das Glücks-Soll.« Frustrierend ist das. Es macht wütend. Und die gegen sich selbst gerichtete Wut zeigt sich als Depression.
Lösen wir uns doch vom Glücksideal und entwickeln wir stattdessen ein reges Bewusstsein von der alles verbindenden Kraft der Achtsamkeit und den sieben kostbaren Eigenschaften in uns. Im Auf und Ab des Alltags stärken die kostbaren Eigenschaften unsere Fähigkeit, in der eigenen Mitte zu ruhen und die zufälligen Momente des Glücks genau dann zu genießen, wenn sie uns geschenkt werden. Eine buddhistische Geschichte erzählt von einem Mann, der sich auf der Suche nach dem Glück in einem unwegsamen Land verirrt. In dieser Wildnis verfolgt ein Tiger seine Fährte und treibt ihn schließlich auf einen Abgrund zu. Als er ausrutscht, stürzt er ab und klammert sich gerade noch an einen bröckelnden Felsen. Über ihm faucht der Tiger, unter ihm gähnt die Schlucht – in diesem Moment entdeckt er eine wild rankende Erdbeere neben sich. An einem Arm hängend pflückt er die winzige Frucht und lässt sie auf der Zunge zergehen. Für einen Moment hat er das Glück gefunden.

Bücher & Adressen, die weiterhelfen

Bücher

Brach,T., *Mit dem Herzen eines Buddha;* Knaur Verlag

Ekman, P., *Gefühle lesen. Wie Sie Emotionen erkennen und richtig interpretieren;* Spektrum Akademischer Verlag

Hell, D., *Seelenhunger;* Herder spektrum

Kornfield,J., *Das weise Herz – Die universellen Prinzipien buddhistischer Psychologie;* Goldmann Verlag 2008

Kornfield, J., *Frag den Buddha und geh den Weg des Herzens;* Ullstein Verlag

Stutz, P., *Verwundet bin ich und aufgehoben;* Kösel Verlag

Welwood, J., *Psychotherapie und Buddhismus: Der Weg persönlicher und spiritueller Transformation;* Arbor Verlag

Bücher zum Thema im GRÄFE UND UNZER VERLAG

Daiker I., *Gelassen wie ein Buddha. Meditationen und Achtsamkeitsübungen für 52 Wochen*

Mannschatz, M., *Buddhas Anleitung zum Glücklichsein*

Mannschatz, M., *Meditation. Mehr Klarheit und innere Ruhe*

Valentin, L./Kunze, P., *Die Kunst, gelassen zu erziehen*

Adressen und Websites

für Achtsamkeitstraining, Achtsamkeitsmeditation und buddhistische Praxis

Deutschland

Deutsche Buddhistische Union
Amalienstr. 71
80799 München
Dachverband der Buddhisten und buddhistischen Gemeinschaft in Deutschland. Vermittelt Basisinformationen und Kontakte.
dbu@dharma.de
www.dharma.de
Zeitschrift der DBU: *buddhismus aktuell*
Amalienstr. 71
80799 München
redaktion@dharma.de

MBSR-Verband
Muthesiusstraße 6
D-12163 Berlin
Mindfulness Based Stress Reduction, deutsch: Stressbewältigung durch Achtsamkeit, wurde von Jon Kabat-Zinn entwickelt und wird an vielen Kliniken und pädagogischen Instituten angeboten.
kontakt@mbsr-verband.org
www.mbsr-verband.org

Institut für Achtsamkeit
Kirchstr. 45
D-50181 Bedburg
MBSR2002@aol.com
www.institut-fuer-achtsamkeit.de

Eine Liste von MBSR-Lehrerinnen und Literatur zum

Thema Achtsamkeit und Meditation finden Sie beim Arbor Verlag
Verlagsbüro Freiburg
Zechenweg 4,
D-79111 Freiburg
info@arbor-verlag.de
www.arbor-Verlag.de

Meditationszentren in Deutschland

Benediktushof
Klosterstraße 10
D-97292 Holzkirchen
info@benediktushof-holzkirchen.de
www.benediktushof-holzkirchen.de

Buddha-Haus
Uttenbühl 5
D-87466 Oy-Mittelberg
info@buddha-haus.de
www.buddha-haus.de

Seminarhaus Engl
D-84339 Unterdietfurt
seminarhaus.engl@t-online.de
www.seminarhaus-engl.de

Haus der Stille
Mühlenweg 20
D-21514 Roseburg
info@hausderstille.org
www.hausderstille.org

Kurse mit Marie Mannschatz:
www.MarieMannschatz.de

Schweiz

Schweizerische Buddhistische Union
zu erreichen über den Präsidenten
Dr. Martin Kalff
Hinterzünen 8
CH-8702 Zollikon
Dachverband der Buddhisten und buddhistischen Gemeinschaften in der Schweiz. Bietet u. a. Infos über Veranstaltungen und Kontakte zu Gruppen.
m.kalff@freesurf.ch
www.sbu.net

Meditationszentrum Beatenberg
CH-3802 Waldegg-Beatenberg
info@karuna.ch
www.karuna.ch

MBSR Netzwerk Schweiz
Das Netzwerk bietet u. a. Kurse an.
www.mbsr-verband.ch

Österreich

Österreichische Buddhistische Religionsgesellschaft
A-1010 Wien
Fleischmarkt 16
In dieser Gesellschaft vereinen sich 23 Orden, Dharmagruppen und buddhistische Institute aller Richtungen des Buddhismus. Bietet Infos und Kontakte.
www.buddhismus-austria.at
office@buddhismus-austria.at

Buddhistisches Meditations-Zentrum Scheibbs
Ginselberg 12
A-3270 Scheibbs/Neustift
bz.scheibbs@gmx.at
www.bzs.at

Ursache & Wirkung
Buddhistische Zeitschrift
Heinestrasse 14/8
A-1020 Wien
info@ursache.at
www.ursache.at

Interessante und informative Website zum Thema Achtsamkeit und Achtsamkeitspraxis:
www.achtsamleben.at

Register

Impressum

Projektleitung: Ilona Daiker
Lektorat: Angela Hermann-Heene
Bildredaktion: Henrike Schechter
Layout: independent Medien-Design, Horst Moser, München
Satz: Felicitas Holdau
Herstellung: Claudia Labahn
Repro: Repro Ludwig, Zell am See
Druck und Bindung: Firmengruppe APPL, aprinta druck, Wemding

www.facebook.com/gu.verlag

ISBN 978-3-8338-1993-3

6. Auflage 2014

GRÄFE UND UNZER

Ein Unternehmen der
GANSKE VERLAGSGRUPPE

Audio-CD

Autorin und Sprecherin: Marie Mannschatz
Musik und Produktion: Rhythmus Verlag (Bruce Werber/ Claudia Fried)
Konzeption: Gräfe und Unzer Verlag, Ilona Daiker

Bildnachweis

Corbis: S. 6, 8, 63; Getty: Umschlag vorn, S. 4, 14, 21, 28, 45, 50, 52, 56, 70, 94, 96, 103, 109, 116, 118, 136, 153; Jupiter Images: 79; Mauritius: 112, 138; Plainpicture: 26, 35, 68, 86, 122, 148; Vario: 130
Syndication:
www.jalag-syndication.de

Wichtiger Hinweis

Die Ratschläge und Übungen in diesem Buch sind von Autorin und Verlag sorgfältig erwogen und geprüft. Dennoch kann eine Garantie nicht übernommen werden. Wenn Sie sich durch die Übungen von Emotionen und Erinnerungen überwältigt fühlen, brauchen Sie Hilfe. Bei ernsthafteren Beschwerden sollten Sie auf jeden Fall einen Arzt oder Psychotherapeuten Ihres Vertrauens zu Rate ziehen. Eine Haftung der Autorin und des Verlages für Personen-, Sach- und Vermögensschäden ist ausgeschlossen.

© Martina Konietzny

Marie Mannschatz hat mehr als zwei Jahrzehnte in freier Praxis als Gestalt- und Körpertherapeutin gearbeitet. Sie wurde in Kalifornien von Jack Kornfield zur Vipassanalehrerin ausgebildet, lebt in Schleswig-Holstein und unterrichtet in Europa und USA. In ihrer Lehrtätigkeit erkundet sie besonders die Verbindung von Alltag und Meditationspraxis. Ihre Bücher zur Einführung in die Meditation wurden in fünf Sprachen übersetzt.

www.marie-mannschatz.de